中国高速铁路工程建设系列丛书

高速铁路基于三维模式泥质充填断层破碎带隧道高精度地质探测及灾害精确控制关键技术

GAOSU TIELU JIYU SANWEI MOSHI NIZHI CHONGTIAN
DUANCENG POSUIDAI SUIDAO GAOJINGDU DIZHI TANCE
JI ZAIHAI JINGQUE KONGZHI GUANJIAN JISHU

高军　林晓　著

图书在版编目(CIP)数据

高速铁路基于三维模式泥质充填断层破碎带隧道高精度地质探测及灾害精确控制关键技术/高军,林晓著.—武汉:中国地质大学出版社,2021.9
ISBN 978-7-5625-5095-2

Ⅰ.①高…
Ⅱ.①高…②林…
Ⅲ.①高速铁路-轨道交通-工程地质勘察-中国②高速铁路-轨道交通-地质灾害-灾害防治-中国
Ⅳ.①U239.5

中国版本图书馆 CIP 数据核字(2021)第 188898 号

高速铁路基于三维模式泥质充填断层破碎带隧道 高精度地质探测及灾害精确控制关键技术		高军　林晓　著
责任编辑:韦有福	策划编辑:韦有福　段连秀	责任校对:周　旭
出版发行:中国地质大学出版社(武汉市洪山区鲁磨路388号)		邮政编码:430074
电　　话:(027)67883511	传真:(027)67883580	E-mail:cbb@cug.edu.cn
经　　销:全国新华书店		http://cugp.cug.edu.cn
开本:787毫米×1 092毫米 1/16	字数:187千字	印张:9
版次:2021年9月第1版	印次:2021年9月第1次印刷	
印刷:武汉市籍缘印刷厂		
ISBN 978-7-5625-5095-2		定价:42.00元

如有印装质量问题请与印刷厂联系调换

序

随着世界经济全球化趋势的明显加快,经济的迅猛发展已是大势所趋。21世纪是人类社会大踏步进入知识经济的时期,高速铁路作为人类创意与科技相结合的艺术作品已经成为21世纪知识经济的核心产业。特别是"一带一路"倡议和交通强国国家战略的推行与实施,高速铁路作为现代化科技进步的代表和载体,对于促进全球化发展、社会进步、精神文明建设起到了巨大的作用。

本书正是结合当前高速铁路建设的需求从实际应用的角度出发,用典型的案例、翔实的数据进行分析,再结合现场试验数据来编写,具有重大的理论和指导工程实践的意义。高速铁路作为世界上主要的公共交通工具之一,将在21世纪获得全面发展。目前,继日本、法国、德国、意大利、西班牙、比利时等国家相继建成4 600 km高速铁路后,世界上正在建设和已立项准备建设的新线有45条,总长为31 000 km。高速铁路的建设必将满足交通运输的需求,在世界范围内形成一场新的铁路运输领域的建设高潮,孕育着高速铁路大发展时代的快速到来。

本书通过试验研究、理论分析、数值计算等手段,针对大体量高压隐伏岩溶隧道溃水特征与机理分析、溃水安全风险评价及岩溶综合治理措施等相关问题进行了系统深入的研究。

本书理论与实际相结合,内容丰富全面,理论前沿针对性强。特别是书中所提供的典型案例,其规范的设计、理念和流程,既能激发读者的学习兴趣,又能培养其理论分析能力。本书能够系统地将高速铁路理论知识与大量的实践相结合,有很强的实用性和可操作性。学习本书后,读者会在相关领域的理论操作及设计技巧等方面得到大大提高。

适逢我国大规模高速铁路建设的开局之际,本书对提高高速铁路结构物设计和施工合理性指导规范化施工和设计,建立高速铁路建设设计、施工和理论研究体系提供了理论依据与技术实践,同时为我国川藏铁路建设和中国高速铁路走出去提供了重要的技术参考。作者是我的学生,也是高速铁路建设领域的专家和学者。该书提出的理念能在铁路、公路、水利、水电、市政、交通、工民建等行业得到广泛的应用和推广,对土木工程领域的科技进步和学科发展将起到一定的作用。

中国科学院院士

2021 年 6 月 16 日

前　言

　　中国是一个幅员辽阔、地质条件极其复杂的国家。近百年来的隧道工程建设实践已经表明，由于受勘察经费、勘察周期等的限制，隧道施工地质灾害频发，如隧道洞内涌水、突水、涌泥、突泥、泥石流、塌方、瓦斯燃烧爆炸等，特别是涌水、突水和涌泥、突泥灾害，严重威胁隧道工程建设的安全。近年来，因隧道施工开挖掌子面后方围岩坍塌及涌泥、突泥灾害导致的隧道关门事故，更是造成了极为严重的后果。

　　随着我国国民经济的迅猛发展和以人为本、环境保护、节能减排、低碳经济与绿色能源政策的实施及隧道修建技术的进步，加之建造技术的进一步提高，直线或大半径曲线长隧道、特长隧道修建越来越多，隧道埋深越来越大，穿越复杂地质条件的隧道越来越多。可以预见，今后的隧道工程建设，将面临更为严重的隧道长大断裂、破碎带、涌水、突水和涌泥、突泥等地质问题，也将是今后隧道工程建设面临的重大问题。

　　在武广、京广、郑万、贵南、玉墨、成贵、兰渝等高速铁路线上，有很多极其复杂的、富含破碎带隧道的典型施工案例，如大瑶山隧道群、海棠隧道、木兰隧道、牛岭隧道、高岭隧道等穿越的都是地质情况极为复杂的岩溶区段。以大瑶山隧道群为例，大瑶山区瑶山山脉呈东西向延伸，线路方案无法绕避，受湖洞断裂切割的影响，粤北梳状断裂构造作用强烈，断裂破碎带强烈发育。施工中工作人员对地质机理的认知，到施工方案的选择和施工工艺的控制，对工程建设及运营的好坏都极为重要。运营过程中高速列车运行动荷载产生的扰动、隧道气动效应的影响，对运营维护也有非常大的影响。

如何对破碎带机理进行深入研究分析,来达到预测灾害事故的目的;如何选用最优化的施工工艺,来起到质量控制的作用;如何在建设过程中通过合理的方法对断裂破碎带引起的缺陷进行整治,以确保工程安全。本书结合武广、石武、安九、郑万、玉墨、贵南、兰渝等国内比较成熟的高铁线路的建设、运营、维护的实际情况,结合国内外对于破碎带隧道研究的宝贵经验,笔者提出对泥水充填破碎地质地区隧道建设灾害机理分析、事故预判、维护整治等方面的见解。

本书在编写过程中,可能存在一些疏漏或不足,敬请专家及同行指正。

著　者

2021 年 7 月 16 日

目 录

1 绪 论 …………………………………………………………………… (1)

1.1 立项背景及意义 ……………………………………………………… (1)
1.2 国内外研究现状 ……………………………………………………… (4)
1.2.1 突水突泥特点及灾害成因的研究现状 ……………………… (4)
1.2.2 突水突泥岩溶隧道稳定性影响的研究现状 ………………… (7)
1.2.3 隧道岩溶突涌水灾害的防治与控制技术的研究现状 ……… (8)
1.2.4 隧道岩溶突涌水研究亟待解决的问题 ……………………… (8)
1.3 主要研究内容 ………………………………………………………… (10)
1.3.1 深部岩溶发育规律研究 ……………………………………… (11)
1.3.2 高风险岩溶隧道地质缺陷施工综合预报方法研究 ………… (11)
1.3.3 高风险岩溶隧道含水构造的定位定量预报方法研究 ……… (11)
1.3.4 高风险深部岩溶隧道突水前兆信息演化规律与破坏机理研究 …… (12)
1.3.5 高风险岩溶隧道灾害风险评估及快速预警机制研究 ……… (12)
1.3.6 高风险岩溶隧道注浆施工工艺及材料优化研究 …………… (12)
1.4 总体研究目标 ………………………………………………………… (12)
1.4.1 研究内容 ……………………………………………………… (12)
1.4.2 岩溶隧道地质灾害防治技术指南的编制 …………………… (13)
1.5 关键技术及技术路线 ………………………………………………… (13)
1.6 创新成果 ……………………………………………………………… (14)
1.6.1 创新成果一 …………………………………………………… (14)
1.6.2 创新成果二 …………………………………………………… (14)
1.6.3 创新成果三 …………………………………………………… (15)
1.6.4 创新成果四 …………………………………………………… (15)

2 基于三维模式深部岩溶隧道含水地质高精度精准探测正反演算法的优化与建立 ……………………………………………………………………………………… (16)

2.1 含水构造电阻率法超前探测正演模拟 ………………………………………… (16)
2.2 电阻率法隧道超前探测数值正演 ……………………………………………… (17)
    2.2.1 含导水地质构造地电模型 ………………………………………………… (17)
    2.2.2 隧道超前探测装置形式 …………………………………………………… (17)
    2.2.3 电阻率法隧道含水构造超前探测数值正演 ……………………………… (18)
    2.2.4 电阻率法超前探测的干扰识别与去除方法 ……………………………… (22)
2.3 电阻率法隧道超前探测物理模型试验 ………………………………………… (25)
    2.3.1 试验装置系统 ……………………………………………………………… (25)
    2.3.2 含水构造超前探测试验数据分析 ………………………………………… (26)
2.4 基于激发极化法的隧道含水构造超前探测技术 ……………………………… (27)
    2.4.1 激发极化法隧道超前探测三维观测方式 ………………………………… (27)
    2.4.2 隧道含水地质构造超前探测三维成像技术 ……………………………… (28)
2.5 隧道含水体水量估算技术 ……………………………………………………… (33)
    2.5.1 模型试验研究 ……………………………………………………………… (33)
    2.5.2 隧道含水体水量估算技术 ………………………………………………… (35)
2.6 基于不等式约束的最小二乘反演方法 ………………………………………… (36)
    2.6.1 不等式约束的施加 ………………………………………………………… (36)
    2.6.2 三维电阻率反演流程 ……………………………………………………… (37)
    2.6.3 三维电阻率反演计算效率改进 …………………………………………… (37)
    2.6.4 算 例 ………………………………………………………………………… (40)
2.7 工程应用 ………………………………………………………………………… (44)
    2.7.1 工程概况与地质分析 ……………………………………………………… (44)
    2.7.2 含水体三维成像与定位 …………………………………………………… (44)
    2.7.3 半衰时之差数据解释 ……………………………………………………… (44)
    2.7.4 开挖结果 …………………………………………………………………… (44)
2.8 本章小结 ………………………………………………………………………… (46)

3 二电流激发极化法探测仪器系统 ……………………………………………… (48)

3.1 C8051F020 简介 ………………………………………………………………… (48)
3.2 发射机 …………………………………………………………………………… (49)
    3.2.1 直流恒流电源设计 ………………………………………………………… (49)

3.2.2 单片机控制模块 …………………………………………………… (49)
　　3.2.3 测量接地电阻 …………………………………………………… (51)
　3.3 接收机 ……………………………………………………………………… (51)
　　3.3.1 单MCU模式 …………………………………………………… (52)
　　3.3.2 PC+MCU模式 …………………………………………………… (53)
　3.4 本章小结 ………………………………………………………………… (54)

4 大电流脉动恒流供电优化技术 …………………………………………… (55)
　4.1 信号采集 ………………………………………………………………… (55)
　　4.1.1 输入信号的前级处理 ……………………………………………… (55)
　　4.1.2 自适应增益放大 …………………………………………………… (56)
　4.2 系统实时性 ……………………………………………………………… (58)
　　4.2.1 发射机实时性 ……………………………………………………… (58)
　　4.2.2 接收机实时性 ……………………………………………………… (59)
　4.3 数据在CF卡中的文件存取 …………………………………………… (61)
　　4.3.1 FAT文件系统 …………………………………………………… (61)
　　4.3.2 单片机实现CF卡中的FAT文件存取 ………………………… (63)
　4.4 信号提纯技术 …………………………………………………………… (72)
　　4.4.1 去除电磁干扰 ……………………………………………………… (72)
　　4.4.2 PID调零去除极化干扰 …………………………………………… (75)
　　4.4.3 小波变换去噪 ……………………………………………………… (80)
　4.5 本章小结 ………………………………………………………………… (86)

5 泥质充填断层破碎带三维注浆扩散机理 ………………………………… (87)
　5.1 注浆理论概述 …………………………………………………………… (88)
　　5.1.1 注浆理论 ………………………………………………………… (89)
　　5.1.2 注浆理论研究中存在的不足 ……………………………………… (90)
　　5.1.3 本课题研究内容 …………………………………………………… (91)
　5.2 泥质充填断层破碎带的注浆扩散机理 ………………………………… (94)
　　5.2.1 三维断层带注浆方案设计 ………………………………………… (94)
　　5.2.2 三维注浆扩散试验监测参数分析 ………………………………… (96)
　　5.2.3 开挖揭露注浆浆脉分布情况 ……………………………………… (102)
　5.3 隧道富水断层破碎带超前注浆参数优选方法 ………………………… (104)
　　5.3.1 流固耦合理论 ……………………………………………………… (104)

5.3.2　隧道开挖数值模型创建 …………………………………………… (106)
　　5.3.3　渗流场及围岩变形规律分析 ………………………………………… (108)
　　5.3.4　注浆加固圈厚度优选 …………………………………………… (109)
　5.4　本章小结 …………………………………………………………………… (111)

6　泥质充填断层破碎带整治关键技术 ………………………………………… (113)

　6.1　阶梯式恒压静定终压控制注浆技术理论 ………………………………… (113)
　　6.1.1　基于广义宾汉体时变性的优势劈裂注浆机制研究 ………………… (114)
　　6.1.2　注浆参数与浆液优势劈裂扩散距离的关系 ………………………… (116)
　6.2　突水突泥灾害治理原则与技术路线 ……………………………………… (119)
　　6.2.1　灾后抢险注浆治理 …………………………………………………… (119)
　　6.2.2　断层带控制注浆加固技术指标 ……………………………………… (120)
　6.3　断层带控制注浆加固方案及实施过程 …………………………………… (120)
　　6.3.1　钻探注浆施工平台设计 ……………………………………………… (120)
　　6.3.2　地球物理探测 ………………………………………………………… (122)
　6.4　阶梯式恒压静定终压控制注浆关键技术 ………………………………… (124)
　　6.4.1　注浆压力差异控制技术 ……………………………………………… (124)
　　6.4.2　注浆速率梯度控制技术 ……………………………………………… (124)
　　6.4.3　控制液动态调节技术 ………………………………………………… (125)
　6.5　注浆参数 …………………………………………………………………… (126)
　　6.5.1　扩散半径及钻孔间距 ………………………………………………… (126)
　　6.5.2　浆液配比 ……………………………………………………………… (126)
　　6.5.3　注浆结束终压 ………………………………………………………… (126)
　　6.5.4　注浆速率 ……………………………………………………………… (126)
　6.6　工程应用 …………………………………………………………………… (126)
　　6.6.1　工程概况 ……………………………………………………………… (126)
　　6.6.2　周边帷幕注浆工程实施 ……………………………………………… (127)
　　6.6.3　注浆速率控制及控制液调节 ………………………………………… (127)
　　6.6.4　注浆终压控制 ………………………………………………………… (129)
　　6.6.5　注浆效果分析 ………………………………………………………… (129)
　6.7　本章小结 …………………………………………………………………… (130)

主要参考文献 ………………………………………………………………………… (131)

1 绪 论

1.1 立项背景及意义

高速铁路是当今世界的一项重大技术成就,它集中反映了一个国家的铁路线路结构、列车牵引动力、高速运行控制、高速运输组织和经营管理方面的技术进步,也体现了一个国家的科技发展和工业水平。高速铁路是社会经济发展的必然产物,有利于促进国家和地区间城市一体化的发展,在经济发达、人口密集的地区,经济效益和社会效益非常显著。高速铁路以速度快、安全性好、正点率高、全天候运行、舒适方便、输送能力强、耗能低、污染轻等一系列技术优势,已经成为世界各国和地区旅客运输发展的共同趋势。

我国高速铁路的发展在世界各国中处于较超前的地位,目前已建成的京津高速铁路时速可达到350km/h,是一条集中新技术、新工艺、新设备于一体的高新技术系统工程。已经建成的京沪高速铁路是《中长期铁路网规划》中投资规模最大、技术含量最高的一项工程,也是我国第一条具有世界先进水平的高速铁路,正线全长约1318km,与既有京沪铁路的走向大体并行,全线为新建双线,设计时速400km/h,初期运营时速350km/h。

本项目是以设计时速350km/h高速铁路武广高铁(武汉至广州)、郑武高铁(郑州至武汉)和郑万高铁(郑州至万州)作为工程背景来加以研究的。武广高铁、郑武高铁和郑万高铁位于我国中南部地区,是"八纵八横"高铁网北京至广州、郑州至成都快速客运通道的重要组成部分,是实施《中长期铁路网规划》以来开工建设的技术标准最高、运营里程最长、运行速度最快的高铁。武广高铁的建成,表明我国已完全掌握了具有自主知识产权的高速铁路成套技术,开启了中国铁路高速的新时代。武广高铁是我国2020年前铁路中长期发展规划中北京—武汉—广州—深圳高铁中的一段,与既有京广铁路构成京广铁路大通道,是我国铁路网的重要繁忙干线铁路。全线设车站18个,桥梁长度约369km,隧道长度约161km。

随着社会主义现代化建设步伐的日益加快,我国对于铁路、公路、水利、矿山等与隧道相关的地下工程的投入也逐渐增多。目前我国筹备建设、建设中及已经建成投入运营的铁路、公路隧道里程达1×10^4km。到2020年,我国高速铁路和高速公路已超过12×10^4km,铁路建设已达到"两个一万",即隧道数量达到一万个,隧道里程达到1×10^4km。

而目前我国铁路、公路工程的建设也逐渐向地质环境复杂的地区转移,隧道等地下工程建设所遭遇的涌水、突泥、塌方等地质灾害也越来越严重。尤其是隧道工程建设中遭遇的突水突泥地质灾害造成了工期延缓、施工设备损坏、施工安全受到威胁和成本增加等严重后果。因此,隧道等地下工程的安全建设无时无刻不面临着突水突泥灾害的威胁。

隧道建设中穿越不良岩溶地质及断层破碎带是形成隧道突水突泥灾害的主要因素之一。沪蓉西高速公路龙潭隧道位于湖北省宜昌市,隧道穿越两条次级断层,隧址区岩溶水、裂隙水发育,隧道左线施工过程中先后发生 4 次突水突泥灾害,突泥总量超过 9 000 m^3,持续处理时间长达 3 年,严重拖延施工进度,影响施工安全。宜万铁路野三关隧道位于湖北省恩施州,隧道 DK124+602～DK124+605 段发育高压富水充填溶腔,涌水量达 2 600×10^4 m^3,严重威胁施工运营安全。宜万铁路马鹿箐隧道位于湖北省恩施州与利川市交界处,隧址区发育多条暗河,导致隧道于 2006 年发生重大突水突泥事故,总涌水量达 18×10^4 m^3,造成多名施工人员遇难,大部分施工设备、物资被毁,渝怀铁路圆梁山隧道是渝怀铁路头号控制性工程,隧道穿越岩溶、断层等多个不良地质构造,隧道施工过程中先后遇到 5 个深埋充填型溶洞溶腔,其诱发的多次突水突泥灾害造成多名施工人员伤亡以及重大财产损失。因此,在隧道施工过程中若不能对断层破碎带进行有效整治,将带来巨大的安全隐患。

我国是世界上岩溶最发育的国家之一,岩溶分布较广,类型较多,全国岩溶区总面积约 344×10^4 km^2,裸露面积 90.7×10^4 km^2(中国科学院地质研究所岩溶研究组,1979)。由于经济建设的蓬勃发展,对交通、能源等基础设施的要求日益提高。特别是近年来国家实施交通强国战略,大量的交通工程将纷纷新建、改建,而为了提高运行效率,在地形、地质条件复杂的我国西部地区,铁路、公路建设将大量采用隧道和桥梁,以提高线路标准。

在碳酸盐岩广泛分布的西部地区所面临的主要工程水文地质问题,即岩溶及岩溶突涌水问题,而穿越褶皱山系的隧道工程遭遇的岩溶问题主要有两类:一是受当地侵蚀基准面控制的浅表岩溶,一般多在背斜构造的两翼,呈发散状,称泄水构造;二是不受侵蚀基准面控制、多分布于向斜构造的核部和两翼,呈聚水状,称储水构造,按索柯洛夫的岩溶水动力条件分带,这些部位为深层循环带,地下水径流缓慢,甚至处于停滞状态,岩溶作用应该是非常微弱的,但一些工程揭露,如圆梁山隧道毛坝向斜段排泄基准面以下约 450 m 的溶洞、广西合山向斜发育在-700 m 高程的岩溶洞穴,表明过去认为深部水循环缓慢带只有溶孔和溶蚀裂隙的认识是不确切的,同时也说明深部岩溶(深埋充填型溶洞)除了有石油部门研究较多的古岩溶类型之外,还存在现代岩溶作用类型(许模等,2008)。

深部岩溶作为一种特殊的岩溶现象,是岩溶发育在空间尺度上的一种表现形式。在人类工程活动相对较弱的时代,这一岩溶现象并没有被人们所认识,直到 20 世纪 50 年代人类的工程活动到达了地下相对比较深的位置后,人们才慢慢地去认识这一岩溶现象,再到后来从本质上去深入地研究这一现象形成的原因。

随着国家西部大开发战略的推进和高速铁路发展的需要,西部铁路建设发展迅猛,隧道修建越来越多。据不完全统计,目前西部已建隧道位于石灰岩溶地区的隧道占一半以上。西部的石灰岩溶地质较普遍,给隧道开挖造成严重的威胁,岩溶对隧道工程的危害以岩溶突涌水问题最严重。

国内外隧道施工经验表明,隧道施工的安全性、结构的耐久性及运营安全性在高水压,尤其是可溶岩发育区修建隧道中受施工过程中出现的大量涌水、突水(泥)问题影响较大。日本东海道新干线旧丹那隧道(长 7.84km)因出现 6 次大规模突水突泥事故而导致工期长达 16 年之久,水压高达 4.2MPa,最大涌水量达 134m³/min,涌出泥屑共计 7 000m³。著名的青函海底隧道,也是因为大量突涌水,曾使工程几度被迫停止。青函隧道长 53.85km,曾 4 次遇到 $11.5 \times 10^4 m^3/d$ 的突水,前后共死亡 34 人,伤残 1 300 余人,历时 5 个多月险情才得到控制,总工期较原计划推迟了 10 年之久。瑞士与意大利之间的辛普伦 1 号隧道(长 19.80km)为控制山体压力及地下水,比原计划多花 5 倍资金,完成时间推迟了 1 年半。苏联北穆隧道(约 30km)最大突水量高达 420m³/min。黎巴嫩阿瓦利隧道连续通过灰岩、砂岩褶皱复合体以及灰岩与砂岩接触带,断层破碎带最大突水量为 430m³/min,水压 7.13MPa,涌砂量达 67.7m³/min,淹埋隧道长达 310m。

据不完全统计,我国 1988 年前已建成隧道中的 80% 在施工过程中曾遭遇突水灾害,总涌水量达 $1 \times 10^4 m^3/d$ 以上者达 31 座。京广线大瑶山隧道(长 14.925km)穿越 9 号断层时突水量达 $3 \times 10^4 m^3/d$,其竖井也曾因突水被淹,损失严重;由于对水害治理不彻底,隧道运营后又出现了多次涌泥、涌砂病害,严重影响了隧道的正常运营。成昆线沙木拉达隧道(长 6.383km)曾发生最大达 $5.2 \times 10^4 m^3/d$ 的多次突水,造成停工 32d。襄渝线大巴山隧道施工时最大涌水量为 $20 \times 10^4 m^3/d$。川黔线娄山关隧道施工时最大涌水量为 $1.9 \times 10^4 m^3/d$。襄渝线中梁山隧道因突水致使洞顶塌陷 29 处,共 2 139m²,致使当地 48 处泉水中有 37% 枯竭。京广线南岭隧道因突水突泥引起地面塌陷共 65 处,曾使既有线下沉,断道 6h。雅碧江锦屏二级电站探洞施工曾 3 次遇到特大规模的高压突涌水,其中探洞 3 948m 处突水射程达 37m,流量达 36.6m³/min,冲毁施工设施,疏干地表岩溶大泉,致使用该泉发电的水电站被迫关闭。此外,广渝高速公路华蓥山隧道长 4.7km、京广铁路南岭隧道长 6.06km 处都曾发生严重的涌水、涌泥事故,前者最大涌水量 477m³/min,后者最大涌水量 $8.1 \times 10^4 m^3/d$,造成严重的经济损失;大瑶山隧道由于高水压水导致衬砌开裂破坏。

表 1-1 为我国 20 世纪 80 年代以来发生的一些主要隧道岩溶突涌水危害的工程实例。

进入 21 世纪后,随着我国经济建设的蓬勃发展,中央和地方对基础建设投资力度加大,在交通建设上更是着力推进,铁路和公路建设全面展开。由于受地形影响和线路需要,隧道在高速公路、客运专线、铁路新线等工程中越来越多地被采用,深埋长大山岭隧道屡见不鲜,因而导致修建过程中发生的岩爆、突水、突泥、泥石流等地质灾害也越来越多。其中突水突泥由于其发生过程突然,部位不易正确判定,其规模和动力特征很难预测,加之地下工程空间有限,因此成为最常见、危害性最大的地质灾害。一旦发生,轻则部分围岩失稳,重则大量围岩失稳、堵塞隧道、工程报废,造成人身伤亡。

表1-1 隧道岩溶危害的工程实例

序号	线别	地名	危害情况	危害原因
1	渝怀线	圆梁山隧道	阻止隧道施工正常进行	多次发生涌水、涌泥
2	衡广铁路复线	南岭隧道	稻田井泉疏干,工期延长,地面与坑道中压浆、钢筋混凝土桩、栅绕道坑等处理,花费达2 570万元	地下水涌升、涌水、涌泥
3	京广复线	大瑶山隧道	DK1994+637段发生突泥沙250m³,淹没轨道,中断行车,经济损失超过1 000万元	地下水涌升、涌水、涌泥
4	渝怀线	歌乐山隧道	对隧道施工和周边环境造成了危害	洞内出现严重的涌水,地表失水
5	合肥至芜湖高等级公路	试刀山右线隧道	溶洞内充满堆积物,坍塌高度达40m以上,大量堆积物从拱部塌落下来堆满掌子面,按常规方法3次清理千余立方米,仍是随清随坍,3块巨石卡在掌子面顶部难以处理而被迫停工	溶洞内涌泥且发生堆积物塌落
6	引黄工程国际Ⅱ标	6#隧洞青羊渠-温岭区段	溶洞连接出现,影响隧洞围岩稳定性,严重消弱管片的承载能力和防渗性能,影响过流能力	充填物多为黏土及碎屑岩,多数具有弱—中等膨胀性

1.2 国内外研究现状

《铁路隧道风险评估与管理暂行规定》中关于在施工阶段矿山隧道的主要风险因素或风险事件是塌方、突水(泥、石)、瓦斯、大变形、岩爆,而岩溶溃水作为隧道工程的一种极端风险事件,在《铁路隧道风险评估与管理暂行规定》中并未述及。可以说,在马鹿箐隧道施工前,岩溶隧道溃水,还是超出当前人类认知水平的一种未知风险。对岩溶隧道溃水的整治,更是无从谈起。长期以来,人们在岩溶成因、岩溶灾害特点、岩溶隧道超前探测技术及突涌水预测方法、隧道岩溶突涌水的整治方法、隧道岩溶综合治理措施、隧道工程风险辨识等方面已经进行了较深入的研究。

1.2.1 突水突泥特点及灾害成因的研究现状

国外岩溶分布甚广,据已有资料报道,俄罗斯、法国、美国、加拿大、德国、西班牙、英国、波兰、南非、捷克、希腊、以色列、比利时、土耳其等国家每年都有不同程度的岩溶灾害发生,因此国外学者对岩溶的研究较成熟,对岩溶发育规律和空间分布特征做了大量的研究工作。

　　Bahtijarevic(1981)通过密度图研究了佛罗里达州 Forest 市落水洞分布情况。Folk(1992)做了石灰岩类型的划分,并分析了各种类型的岩溶发育特征。Bathurst 和 Robin(1986)分析了碳酸盐岩的起源,并描述了各种碳酸盐岩的岩溶发育差别。Wilson(1972)研究了英国某地区岩溶台地边缘的岩溶发育特征。Burger(1981)、Dubertret(1963)对法国岩溶区的水文地质特征进行了研究。Quinlan(1996)对岩溶区的岩溶发育特征进行研究并重点分析了岩溶地下水的危害。Filipponi(2001)通过研究某岩溶隧道区的岩溶发育规律,成功提出了预测施工过程中岩溶可能出现的位置的方法。Crrens(2011)运用 GIS 方法研究了岩溶发育程度的指标。Carpenter(2016)运用 X 射线断层摄影术研究了深埋岩溶的发育特征。

　　Weary 等(2011)利用岩层信息构建概念模型,以此了解岩溶地区铅锌矿对大溶泉的影响,认为沿着岩层面的溶管、溶洞提供了地下水补给、运动、排泄的通道,并通过对节理走向的研究,从而发现其是否控制溶洞、溶管的方向。

　　Gabrovsck(1996)基于石灰岩岩溶含水层建立了长度和深度演化的新模型,描述了洞穴随时间的演化情况,并利用该模型对深 30m、长 200m 的含水层进行计算,定性描述了岩溶水扩展机制。

　　Michacl 等(2005)从洞穴坍塌机制入手,提出用土体两种潜在破坏准则评价土体塌陷稳定性及塌陷形成或对上部结构影响的简化方法。

　　Hauns(2010)主要研究的是岩溶管道几何形状与示踪试验 BTC(Break Through Curve)之间的关系,通过研究洞穴管道中大量精确形态数据,采用 CFD 模型,分析当单个管道长度和形状发生变化时,BTC 曲线方程受湍流条件的影响情况,如湍流扩散效应、速度效应、导管粗糙度、横截面效应及尺寸效应等。

　　Grove 等(2017)主要研究用以测定大气碳和矿物质碳的比例方法,通过数 10 年的研究,对碳的沉积情况有了较精确的了解和估计。

　　Liedl 等(2017)采用包括岩溶系统的水力学、溶解动力学在内的复杂模型方法对岩溶产生的控制机制进行了研究。高导水低存储的管道网络和低导水高存储的岩体相互作用控制着岩溶水力特征。当不考虑流动机制的耦合系统时,其他相关因素的作用则无法表现。

　　Häuselmann 等(1969)通过对一个溶洞体系的观察,得出地质结构环境在溶洞发育各阶段起到重要作用的结论。

　　Plan 等(1981)认为,岩溶地貌在岩溶含水层的评价受岩溶地貌影响较大。空隙可成为积聚水进入岩溶的管道,积水面积与岩溶管道的直径成比例。

　　Fena(1965)根据某地岩溶的具体情况认为,岩溶地貌的形成和演化由地质构造作用与强烈溶蚀作用引起的。

　　Orndofff 等(2017)通过了解美国地质勘探局近 10 年来对某地碳酸盐岩含水层的资

料,认为通过构成地质框架和对地表特征的调查,有助于了解含水层入水机制和地下水的运动等问题。

Harrison等(2011)介绍了Pergamos一处由岩溶引起的地面塌陷现场勘察情况,分析产生地面塌陷的原因是地表水沿着断层系统集中进入地表下,从而导致碳酸盐岩和石膏的溶蚀,而产生这一现象的主要原因是断层系统渗透性的增强和地表层渗透性相对较小。

在国内,何发亮等(2018)主要通过对长大隧道岩溶涌水规律、水量特征、含泥沙特性的分析,基于长隧道岩溶、涌水岩溶水文地质模型,以化学动力学、水文地质理论为指导,通过采用声波CT专家系统和HSP法施工地质超前预报系统,配合地质雷达探测,结合地质条件判定,从而实现长隧道施工区域岩溶灾害的时空预报。

易志雄(2019)认为岩溶发育规律的研究是首要任务,应从地质因素、相关关系等方面着手分析。王建秀对岩溶塌陷演化过程及其力学机理进行了分析,将水土岩的相互作用放在重要位置考虑。徐复兴等(2020)认为洞穴堆积物分析方法可作为研究岩溶发育规律的经济而有效的方法。

巫锡勇(2021)通过对地下水在岩层中的运动过程、反映过程及影响因素等进行研究,掌握了工程建筑物周围地质状况及地下水运动规律,并结合某隧道混凝土腐蚀特征及地下水对混凝土腐蚀机理进行分析。

陈成宗(2006)对大瑶山九号断层特性进行了全面阐述,认为含水体在周围环境改变情况下可能引起地面塌陷。

谢树庸(2011)将岩溶区工程地质问题归结为岩溶地基与围岩的稳定问题、岩溶渗漏问题、岩溶突水问题和岩溶水外压力问题共4类,并基于岩溶突水的不确定性,提出了由地质概念模型到数学模型的研究方法。

邹成杰(2018)对岩溶突水基本概念进行了定义,即地下洞室开挖过程中,由于岩溶发育而形成的地下水集中或分散的出流现象,但对突水量影响因素、岩溶水流速、岩溶水含泥沙以及水电工程中已发生的突水事故等均未做深入研究。

任美愕(2011)认为岩溶地区地下突水具有经常性和突然性。他对矿井突水程度的决定因素,如岩溶分布和发育程度、富水性强弱、含水岩层的结构和构造、洞穴大小及连通程度、水头压力、岩石力学特性及掘进方式等进行了分析,但缺乏对岩溶突水进行深层次分析,也未对突水含砂进行关注。

国内外的许多学者普遍认为,不同类型岩溶对隧道危害作用相差较大。通过对岩溶涌水及涌水量特征、含泥沙特性等规律进行研究,总结出了岩溶涌水的时间特性、空间特性及不同类型岩溶涌水量和含泥沙的变化特征。很多学者都深入研究过岩溶含水介质的多重性。王建秀等(2001)基于水文地质将岩溶突水模式分为渗(漏)水型、施工揭露充水岩溶管道网络型、施工穿越阻水断层型、水力劈裂型、底膨破坏型,并在施工中对类型进行确定,同时对重点类型进行超前地质预报。

由于岩溶影响因素多，各因素间关系复杂且相互影响，影响程度模糊性强，从而加大了学者对岩溶地区岩溶灾害形成机理分析的难度。有学者将岩溶危害分为极活跃岩溶水危害、活跃岩溶水危害、活跃-封闭性岩溶水危害、封闭岩溶水危害4种，并说明各级危害对隧道的具体影响。该方法是基于对岩溶危害预报的专家系统研究而建立的。

韩行瑞等（1997）根据我国30余座隧道突涌水情况对涌水量进行了划分和定义，将隧道涌水量大于$1\times10^4\,\mathrm{m}^3/\mathrm{d}$的定为大型突涌水，大于$5\times10^4\,\mathrm{m}^3/\mathrm{d}$以上的定为重大型突涌水，大于$10\times10^4\,\mathrm{m}^3/\mathrm{d}$以上的定为特大型突涌水，并对不同突涌水的危害进行了定性说明。其中涌水量$10\times10^4\,\mathrm{m}^3/\mathrm{d}$以上的特大型突涌水往往会造成灾害性的后果。

曹玉清和胡宽容（2011）通过对北方大量岩溶工程的实践研究，提出岩溶化学动力学理论，认为岩溶水化学作用是在碳酸盐岩矿物-水溶液-气体三相平衡体系中进行的，并对裸露岩溶分布区和隐伏岩溶浅层区分别进行了研究。

何发亮等（2019）通过总结长隧道施工岩溶涌水量预测数学模型，认为水均衡法计算结果较符合实际。韩行瑞等（2019）在总结大量岩溶地区研究资料的基础上，各自论述了岩溶的水动力学分带模式，韩行瑞（1986）提出了岩溶水动力垂直分带和水平分带，何发亮等提出了岩溶水动力剖面分带，都具有宏观规律性，但具体到地区时仍要结合各地特点进行细化。

从上述研究情况可以看出，虽然国内外已从地球化学、水文地质等方面研究了各种岩溶地质模型，并指出岩溶隧道地质灾害宏观预测的重要性，成为工程中进行岩溶地区隧道超前地质预报的主导思想和判别依据，但仍未有效合理地将岩溶成因模型与隧道工程的超前地质预报工作有机地结合起来。

1.2.2 突水突泥岩溶隧道稳定性影响的研究现状

关于溶洞对隧道稳定性影响的研究，当前主要以因溶洞产生的围岩应力、位移变化为研究对象。早期利用精确数学和光弹模型试验对围岩应力及位移进行分析的方法，无法考虑隧道的开挖效应和支护过程，且对于不规则断面，一般得不到解析。地质模型试验由于试验费用高、周期较长且具有不可重复性，特别是试验难以满足所有的破坏试验相似判据，因此其应用和推广受到限制。数值模拟因其成本低、时间短、重复性高、灵活性强等特点，在隧道稳定性分析中得到了广泛应用，但到目前为止，数值分析还仅仅被当作一种计算工具。李宁等（2010）则提出了数值仿真试验的概念，利用数值试验方法，对不同洞跨比的城门洞型隧道围岩应力和位移进行了系统研究，分析了处于不同位置、规模和距离的不同的软弱夹层对隧道围岩位移场及应力场的影响。溶洞对隧道围岩应力场、变形场的影响主要来自隧道周边隐伏溶洞。邹成杰（2008）以鲁布革水电站为工程背景，通过分析不同洞径的圆形隐伏溶洞对隧道位移的影响，得出近水平向溶洞对隧道周边位移的影响最为不利的结论。赵明阶等（2016）结合实际工程，采用模型试验和数值模拟方法研究了底部、水平和顶部溶洞对隧道围岩位移及应力的影响。

1.2.3 隧道岩溶突涌水灾害的防治与控制技术的研究现状

《铁路隧道设计规范》中规定:"新建和改建隧道防排水,应采取'防、排、截、堵结合,因地制宜,综合治理'的原则,采取切实可靠的设计、施工措施,保障结构物和设备的正常使用和行车安全。对地表水和地下水应作妥善处理,洞内外应形成一个完整的防排水系统"。对于隧道防、排水设计,应根据工程特点及勘测资料进行,其设计内容应包括:工程结构的防水系统,各种洞口工程防排水系统;洞身局部地段地表堵水、截水、排水系统。岩溶地区的地下水为岩溶暗河管道水及岩溶裂隙水,一般情况下,除对周边地表环境有特殊要求而采用堵水措施外,其他情况宜采用防、排、截等措施。这是由于岩溶及岩溶水的发育在宏观上有一定的规律性,但从微观上有许多不确定性,因此造成堵水困难、代价高、风险大、效益相对较差。岩溶暗河管道水具有自然的排泄通道,隧道施工揭示岩溶暗河管道水仅改变其排泄途径,对地表的影响甚微,对揭示的暗河管道水应按引排或截堵的原则处理。

在隧道工程施工中,当通过采取超前预测预报表明前方遇到岩溶时,首先应确定所遇岩溶的工程地质及水文地质特征,然后根据其特征,制订针对性的处理对策。隧道岩溶的治理应贯彻安全第一、质量为重、一切为了顺利运营的理念。因此,制订方案时应严格遵守施工安全、结构安全、运营安全的基本原则。表1-2为国内外隧道施工涌水及处理工程实例。

1.2.4 隧道岩溶突涌水研究亟待解决的问题

由前面的综述可知,国内外对岩溶隧道的研究已经有半个多世纪的历史,研究工作主要集中在两个方面:一是隧道涌水量预测、地质超前预报;二是涌水处理的工程措施。在隧道涌水量预测研究方面,许多专家和学者根据工程实际情况对传统的专业理论计算公式进行修正,或引入新的理论对容水量进行预测,均具一定的成效。在超前地质预报方面,致力于借助现代化的物探、钻探等方法和各种计算手段来提高涌水量预测的准确性及精度。在岩溶涌水处理的工程措施方面,对于高压岩溶水是"堵"还是"排",一直是工程界争议的焦点问题之一,而不论是"堵"还是"排",都有成功的经验和失败的惨痛教训。

专家和学者对于涌水规模及其相应的危害性规律有一定的认识,但由于缺乏像马鹿箐隧道这样的较为极端的案例,他们对于超级的特大型"涌水"的工程特性和预防、整治等还缺乏研究。在隧道风险评估方面,只对一般"突水""涌水"进行风险识别,而对大体量或超大体量且自身存在一定静态储水性质的承压岩溶水在隧道坑道内的突然集中释放的风险没有概念,也就不能对此类危害进行风险识别,因而难以引起工程技术人员和管理者在隧道安全风险管理上的高度警惕。

通过对国内外隧道岩溶突涌水研究现状的分析,以及对隧道岩溶危害普查、勘察、研究与治理等方面投入大量的人力、物力,现已积累了丰富的隧道岩溶危害资料,在隧道岩

表1-2 国内外隧道施工涌水及处理工程实例

序号	国家	隧道名称	隧道性质	施工年份	隧道长度/m	最大埋深/m	地质情况	工作面最大涌水量/(L·s^{-1})	总涌水量/(L·s^{-1})	主要处理措施
1	中国	天生桥	水工	1989年	9 555	760	灰岩、白云岩、泥页岩、砂岩	1 800		超前钻探、水泵接力排水
2	中国	白石岩3号	铁路		2 340	400	砂岩、白云岩、灰质页岩		330	平行导坑、迂回导坑、水泵排水
3	中国	南岭	铁路	1978年	6 060		大量的漏斗、落水洞、岩溶泉、溶蚀洼地	130	260	迂回导坑、水泥-水玻璃灌浆、超前钻孔预注浆
4	中国	大瑶山	铁路	1980年	14 295	910	砂岩、板岩、板状页岩	325	464	超前钻探、声波探测、预注浆
5	日本	青函(海底)	铁路	1971年	53 850	240	玄武岩、安山岩、流纹岩、火山凝灰岩	1420		超前导坑、超前钻孔、迂回导坑、化学灌浆
6	日本	慧那山	公路	1967年	8 489	1 000	花岗岩、凝灰岩、流纹岩、地下水丰富	330		超前导坑、灌浆
7	日本	丹那	铁路	1918年	7 804	300	火山砾岩、软黏土膨胀性地层		3 330	排水导坑、压气盾构
8	日本	福冈	铁路	1970年	8 455	200	绿色片岩	330		迂回坑道、排水导坑
9	日本	六甲	铁路	1967年	16 250	300	花岗岩	67	300	导坑排水、钻孔排水、高压灌浆
10	日本	藏王	铁路	1971年	11 175	400	安山岩熔岩、集块岩、凝灰岩	42	170	导坑、排水、钻孔排水、灌浆
11	日本	清水	铁路	1924年	9 702	400	闪绿岩	100	550	导坑、超前开挖

溶成因、探测与防治整治方面取得了较大的进展，在一定程度上保证了隧道的安全及顺利施工，节约了成本，但是目前对于隧道突涌水量的概念和提法仍未统一。由于我国对隧道涌水问题研究的水平还不高，对其特点认识不足，当涌水量对施工未产生较大影响时，无观测，无报道。只有当涌水量对施工有重大影响时，才仅提供最大流量值，缺乏完整的资料记录和监测数据，无法明确最大流量延续时间，也无法分辨静储量和动储量。由于溶洞的隐蔽性、复杂性和不可预见性，以下 4 个问题亟待解决。

（1）对超大体量的岩溶突涌水的地质模式和突水机理认识还不够清楚，针对超大型岩溶隧道突涌水特征分析还不够完善，需要开展进一步的研究工作；对于特大型岩溶突涌水的地质成因和探测判识技术缺乏针对性研究，在隧道工程建设过程中，也没有在高危地段开展有针对性的评价工作，这也是在岩溶发育强烈地区灾害频发的主要原因之一。

（2）在超大型岩溶突涌水风险控制方面，缺乏治理理念、工程措施与地质条件的适应性研究，以及方案的经济合理性研究。对于大体量高压富水隐伏溶腔突水的防治问题，目前国内外还没有比较系统和完善的治理技术方法，隧道岩溶大小、形状和填充等情况的探测分析还有待深入研究，特别是针对灾害风险极大的高压富水隐伏岩溶的超前探测问题，急需建立一套高效的综合探测与分析方法，提高预报精度，及时有效地指导隧道施工，完善信息化施工技术。

（3）在隧道建设中急需解决施工过程中的安全风险控制问题。在安全风险识别方面，需要解决岩溶的水量、水压与隧道的空间关系以及与地表水系的连通性等方面的探测问题，确定各施工阶段的风险控制指标。

（4）对已知的隧道岩溶溃水风险，采取何种措施进行控制，出现溃水后如何进行抢险救援，以及岩溶空腔的整治问题都需要开展实质性的研究。

1.3　主要研究内容

本书以京广高铁、武九高铁、郑万高铁岩溶隧道实际工程为依托，在充分借鉴前人研究成果的基础上，通过实验研究、理论分析、数值计算等手段，针对大体量高压隐伏岩溶隧道溃水特征与机理分析、溃水安全风险评价及岩溶综合治理措施等相关问题进行了较系统和深入的研究。主要研究工作如下。

（1）深部岩溶隧道溃水特征分析。通过对隧道历次突涌水情况及其特征分析，将岩溶突涌水进行重新分类，并对超大型的岩溶突涌水进行重新定义，且系统研究了超大型岩溶突涌水的基本特征。

（2）深部岩溶隧道溃水灾害的地质成因分析。结合隧道的地质状况分析，研究溃水特征与隧道周边地质条件的相关性，从而得到诱发岩溶溃水的地质条件。

（3）深部岩溶隧道溃水力学机制及其围岩稳定性模拟研究。针对岩溶溃水灾害发生的力学机制进行系统分析，并对隧道穿越溶腔的稳定性进行数值模拟研究，为岩溶溃水安全性评价及灾害的综合治理研究提供基础。

(4) 隧道岩溶溃水的安全性模糊综合评价。在隧道岩溶溃水的成灾机理研究的基础上,对导致溃水发生的各种风险因素进行识别并构建评价指标体系;基于模糊数学理论建立隧道岩溶溃水安全性评价模型及安全综合评价的评判标准,结合马鹿箐隧道岩溶溃水灾害的工程实例,对所建模型进行合理性检验。

(5) 消除溃水风险的工法研究。研究特大体量高压富水隐伏岩溶泄水消能工法及其适用条件,提出适用于具有特大体量高压富水填充型溶腔的溃水风险控制技术,从而释放溶腔内部存储的能量,解除溶腔溃水高的风险,降低施工及运营过程中水土压力对隧道造成的影响。

本书具体研究内容如下。

1.3.1 深部岩溶发育规律研究

(1) 深部岩溶形成历史原因与岩组岩性研究。

(2) 深部岩溶流域演化规律:①依托工程区域岩溶发育的基本特征;②依托工程区域岩溶流域的演化机制。

(3) 深部含水构造和突水构造分析:①位置的确定;②突水突泥量预测;③风险等级评估。

1.3.2 高风险岩溶隧道地质缺陷施工综合预报方法研究

(1) 研究综合地质灾害超前预报技术(地质、物探和岩体力学相结合)。

(2) 不同地质灾害的各种物探方法的选择、搭配及互相配合的最佳效果研究(常用物探设备与超前钻探、钻孔电视等辅助设备)。

(3) 反射类物探方法对探查对象空间定位方法和精度的改进研究。

1.3.3 高风险岩溶隧道含水构造的定位定量预报方法研究

(1) 对目前探查地下水有较好效果的物探方法(瞬变电磁法、复合式激发极化法等)、现有技术和手段进行理论与试验研究。

瞬变电磁法:适用于隧道超前预报的三维全空间正反演方法的研究,适用于瞬变电磁数据精细处理与解释方法研究;适用于瞬变电磁仪器改进及其专用后处理软件的优化研究;适用于对各种水体病害响应的物理与数值模拟实验研究;适用于隧道主要干扰因素对瞬变电磁信号响应特征的影响研究;适用于瞬变电磁接收探头屏蔽效果及抗干扰能力试验研究。

复合式激发极化法:适用于隧道超前预报的三维全空间正演计算方法的研究;适用于隧道超前地质预报的电极布置方式的优选研究;适用于隧道超前预报的三维全空间快速有效的反演方法研究;适用于开展二次时差参数与涌水量关系的模型试验研究,为含水构造涌水量的预测奠定试验基础;适用于在隧道施工中的干扰因素及资料解释时消除方法的研究;适用于复合式激发极化法仪器及电极的改进研究;适用于直流电阻率法、时域激电法、频域激电法等多参数联合解译软件的开发研究。

(2)综合物探法对探查到的含水构造空间精细定位技术的研究。

(3)地质方法与最佳物探方法相结合的岩溶裂隙水预报系统的研究。

(4)地面补充勘查与隧道内地质预报相配合的方法和原则研究。

1.3.4　高风险深部岩溶隧道突水前兆信息演化规律与破坏机理研究

(1)研究岩溶地区隧道突水前兆信息特征及其演化规律。

(2)突水通道形成机理的研究:①研究岩溶地区常见含水构造模式,从地质角度分析其岩溶构造形成机理及其相应的突水模式;②研究裂隙岩体突水通道发育生长过程,分析含水单裂纹扩展、相邻裂纹贯通直至最后突水通道的形成机理。

(3)地质缺陷渗透失稳突水的灾变机理与突变模型研究。

1.3.5　高风险岩溶隧道灾害风险评估及快速预警机制研究

(1)建立有效的灾害预警机制和临灾快速反应机制。

(2)通过对施工中出现的不良地质体前兆的研究,建立正确预测地质灾害类型、规模及风险评估的方法。

(3)基于岩溶裂隙发育的特征和规律、超前预报成果及岩溶隧道突水机理研究,建立岩溶隧道突水风险评估标准及有效预警方案。

1.3.6　高风险岩溶隧道注浆施工工艺及材料优化研究

(1)研究不同含水构造潜在突水模式的治理方法,提出相应有效快速的施工工艺和工法。

(2)研究岩溶突水治理浆材的合理选型,开展普通水泥、特种水泥和化学浆液等注浆材料的优化研究。

(3)研究化学浆液的加固和封堵性能,对浆液的扩散半径、加固强度和封堵参数等技术指标进行量化分析。

1.4　总体研究目标

本书依托工程所处的地质环境及施工中面临的主要问题,为确保隧道施工过程的安全,系统开展了高风险岩溶隧道不良地质预报与灾害控制研究。

1.4.1　研究内容

(1)依托工程的深部岩溶地质规律和隧道灾害防治关键技术攻关,完成了工程所处粤南、鄂西地区低台原面岩溶和不良地质的研究报告,重点查明了大型岩溶洞穴和岩溶水体的分布情况,形成此类地质情况岩溶隧道地质灾害探测和治理的技术指南。

(2)提供一套较成熟可靠的施工期灾害超前预报综合技术及控制方法,研发出能够用于隧道远距离水体探测的瞬变电磁仪和激发极化仪(探测距离达到60m),完善三维空间正反演理论和开发相应的处理软件,实现含水体位置与涌水量的准确探测,并为依托工程的物探工作提供技术支持。

(3)研制可用于突水前兆多元信息采集的监测系统,开展对突水前兆信息演化规律的研究,建立隧道突水前兆信息识别模型,基于典型含水构造潜在的突水模式,建立相应的突水力学模型,给出突水判据,为依托工程地质灾害分级标准与风险评估体系的建立提供科学依据。

(4)完成岩溶地区地质灾害分级标准及其风险评估体系,建立临灾快速反应预警预案和治理技术体系,实现大型、特大型突水突泥灾害的快速预警控制,确保施工安全。

(5)完成岩溶突水治理浆材的优选研究,提供实用的成套洞穴和岩溶裂隙水封堵与排导技术,为依托工程建设提供一套实用有效的施工期突水灾害治理和控制方法。

1.4.2 岩溶隧道地质灾害防治技术指南的编制

(1)依托工程开展对施工预报方法、理论和仪器的开发,对突水突泥前兆监测方法与理论、灾害预警、应急预案以及注浆封堵技术的系统研究,最终形成一套行之有效的防灾减灾科学技术体系。为工程安全和顺利施工提供地学和技术保障,全面总结我国公路、铁路和水利等工程建设经验。

(2)重点归纳我国隧道建设经验,特别是对西部地质岩溶类型及其发育规律的研究,针对每种类型提出用于隧道建设规范的岩溶水流域分析理论和方法。

(3)综合岩溶流域分析、现代岩溶勘察技术以及施工预报和控制技术,为我国岩溶隧道地质灾害防治,建立一套规范性方法体系。

1.5 关键技术及技术路线

(1)形成了基于激发极化法的隧道含水构造超前探测三维成像与水量预测综合技术体系,并将该技术体系应用于多个隧道工程的预报实践工作中,预报结果与实际开挖情况基本一致。该技术体系是对隧道含水体探查较有效的超前地质预报方法,岩溶地下水位判别技术和方法及其在依托岩溶隧道工程建设中的应用,具有重要的推广价值和良好的应用前景。

(2)建立了断裂带岩体单一平板优势劈裂注浆扩散模型,推导了考虑广义宾汉体浆液黏度时变性的优势劈裂注浆扩散控制方程。研究表明,浆液扩散距离由优势结构面产状(a、b)、注浆压力p_0、注浆速率q、浆液黏度等因素综合决定,其中注浆压力、注浆速率及浆液黏度是主要因素。

（3）提出了优势劈裂注浆控制方法，形成了注浆压力差异控制、液动态调节和注浆速率梯度控制三项关键注浆技术，促使浆液在优势结构面内制性扩散运移。该方法成功应用于实体隧道断裂带塌方注浆整治工程中，效果显著。

（4）研发了一种复合水泥基-水玻璃双液浆的注浆新材料，以水泥-粉煤灰-矿渣与水玻璃反应体系为基础，反应初期水泥与水玻璃反应迅速，形成大量C-S-H胶凝体，双液浆迅速胶凝硬化。之后在被胶凝体包裹的碱性产物的激发作用下，粉煤灰和矿渣活性被激发，经过一系列反应最终形成由低CaO/SiO_2的C-S-H胶凝体和耐久性很好的无定形类与沸石类物质共同构成的密实体结构。

（5）设计了一套断层泥注浆加固试验系统，包括注浆工艺模块、被注介质模块和信息采集模块。断层泥注浆加固体单轴压缩试验表明，基于骨架式加固模式，注浆后断层泥单轴抗压强度可提升181%～2 535%，注浆压力是提升加固效果的主控因素。

技术路线是以系统科学思想为指导，运用岩溶发生学、岩土力学、裂隙岩体水力学、地球物理探测及能量突变等理论的最新成果，借助现场试验、室内试验、物理模拟试验和数值试验相配合手段，在分析三峡地区低台原面岩溶流域的结构物质流、能量流和信息流的基础上，建立预测隧道掌子面前方灾害靶段（地质缺陷和突水构造）位置的综合物探方法以及以瞬变电磁法和激发极化法为主的探查岩溶裂隙水的综合预报方法；从理论上揭示岩溶隧道不同含水构造的突水机理，建立隧道突水信息识别模型及其监测方法和岩溶隧道地质缺陷突水的力学模型；基于对不同突水模式的试验研究及其突水前兆信息演化规律，研制突水前兆多元信息监测系统，从而形成岩溶裂隙水的综合治理技术体系和地质灾害预警系统，制订高风险岩溶区域地质灾害快速反应体系及有效治理方案，达到解决工程实际问题的目的。

1.6　创新成果

1.6.1　创新成果一

形成了基于激发极化法的隧道含水构造超前探测三维成像与水量预测综合技术体系，实现断层、溶洞等含水地质构造的三维成像与定位，利用干扰识别与去除方法去除干扰影响，并提取确切信息。研发了隧道超前探测专用激发极化仪器系统，解决了普通激电仪无法实现大电流脉动恒流供电的问题，重点突出了半衰时之差参数的测量功能。在Cholesky分解算法和预条件共轭梯度算法（JPCG）的对比计算的基础上，提出了反演计算效率优化方案，实现了三维电阻率观测数据的快速稳定反演。

1.6.2　创新成果二

考虑隧道掘进过程中渗流场与应力场的耦合作用，建立了相应的三维有限元分析模型,对断层、围岩、注浆加固圈、隧道所组成的耦合系统进行系统模拟,优选帷幕注浆加固圈厚度;建立了断裂带岩体单一平板优势劈裂注浆扩散模型,推导了考虑广义宾汉体浆液黏度时变性的优势劈裂注浆扩散控制方程。

1.6.3 创新成果三

基于流固耦合理论,建立了考虑隧道围岩渗流场与应力场相互影响的隧道开挖有限元模型,分析了注浆加固所引起的隧道围岩宏观力学行为变化规律。根据现场注浆过程中的反馈信息,及时动态调整注浆速率与浆液配比,从而最大化提高受注地层的浆液充填率,提高裂隙及孔隙岩体内的浆液饱和度,通过分段式控制注浆终压,实现提高断层破碎带整体注浆量,强化注浆效果,建立了阶梯式恒压静定终压控制注浆关键技术。

1.6.4 创新成果四

研发了一种复合水泥基-水玻璃双液浆的注浆新材料,以水泥-粉煤灰-矿渣与水玻璃反应体系为基础,形成大量 C-S-H 胶凝体,双液浆迅速胶凝硬化,对于泥加碎石断层的封堵具有良好的效果。设计了一套断层泥注浆加固系统,集中了工艺模块、被注介质模块和信息采集模块。注浆后断层泥单轴抗压强度可提升 $181\%\sim2\,535\%$。

2 基于三维模式深部岩溶隧道含水地质高精度精准探测正反演算法的优化与建立

2.1 含水构造电阻率法超前探测正演模拟

随着我国基础设施建设进程的加快和能源战略的实施,在交通、水利水电、矿山等领域将会修建更多的长大隧道(隧洞)工程。这些工程施工中面临着突涌水、突涌泥、塌方等诸多高风险地质灾害。突涌水灾害已经成为制约隧道等地下工程建设的瓶颈,作为突涌水等地质灾害的源头,掌子面前方的含导水地质构造的探测成为亟待研究和解决的重要难题。隧道施工期的含导水地质构造超前预报是备受关注而又未能很好解决的难题。含水地质构造具备两个基本要素:地质构造和水体。地质构造是水体赋存的基本场所,而水体则是灾害风险程度的决定性因素。

目前常用的地质预报方法可分为地质分析法和地球物理勘探法。其中,地质分析法是一种宏观预报方法,预报精度较低,而地球物理勘探方法中的地震反射类方法对断层、溶洞等地质构造具有较好的探测效果,但无法探明其中是否含水。电磁类方法(地质雷达法、瞬变电磁法)抗干扰能力较差,导致关于水体的有效信息很难辨识。总之,目前还没有用于隧道地质预报的、对水体探查效果较好的手段。

围岩的电阻率参数对含导水地质构造的位置、规模、形态等响应敏感,因此利用电阻率法进行含导水地质构造的超前探测具有独特的优势。许多学者对隧道中的直流电阻率法超前探测进行了探索和研究。岳建华等(2011)对矿井直流电法进行了系统的研究;李学军等(2015)对三极电法超前探测的基本问题进行了研究,总结了具体应用的经验。

上述工作为直流电阻率法的超前探测研究奠定了重要基础,但是较为偏重现场实践,而理论和试验研究较为滞后。黄俊革等(2016)针对无限大低阻板体(含水断层)和球体低阻异常(充水溶洞)的超前探测,通过正演计算总结了异常规律,设计了阻尼最小二乘快速反演方法,提高了解释效率和准确性。但他们均假设掌子面前方只存在一个形状较为规则的含水体(断层或溶洞),因此有待对多个复杂形状含水体的超前探测问题进行研究。

强建科等(2019)指出,电阻率法进行超前探测时,测线附近介质的影响干扰复杂,使得直流电阻率法和三极法超前探测前景令人担忧。因此,对于直流电阻率法和三极法超前探测而言,如何识别和去除旁侧干扰是三极法超前探测的关键问题。

阮百尧等(2011)提出了一种聚焦超前探测方法,该法对异常反应明显,但是响应距离较短,尚处于理论探索阶段。由上可见,电阻率法超前探测研究中存在着理论研究落后于工程实践的问题,同时其正演、干扰去除等关键问题未能解决。针对上述问题,利用数值方法和物理模型试验对含水构造的超前探测进行了系统研究,相关结论在工程中得到了验证,为实现含水构造的三维反演定位奠定了正演基础。

2.2 电阻率法隧道超前探测数值正演

2.2.1 含导水地质构造地电模型

对典型的含导水地质构造进行如下概化。

(1)对于断层、破碎岩体含水带、构造裂隙含水带以及宽度偏窄的裂隙状溶洞,可概化为平板,厚度为 1m 左右,长度可达 4m。

(2)对于溶洞,特别是近球状或椭球状溶洞,可概化为球体,直径为 0.5~3m。

2.2.2 隧道超前探测装置形式

选择定点源三极法作为超前探测的装置形式(图 2-1),将测线沿隧道走向布置在底板或边墙上,将供电点源 A 极固定在掌子面处不动,B 极放置在无穷远处固定不动,而测量电极 M 极和 N 极沿测线移动以采集数据,设 M 极与 N 极之间的距离为 MN,A 极与 M 极之间的距离为 AM。在此基础上设计了多测线立体测量方式,在隧道底板上或边墙上布置多条平行测线,有利于增加携带掌子面前方地质情况的信息量(图 2-1)。

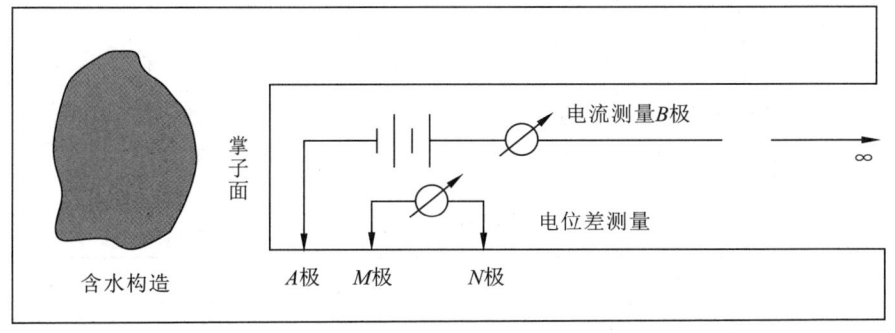

图 2-1 定点源三极法隧道超前探测测量方式图

2.2.3 电阻率法隧道含水构造超前探测数值正演

通过建立含导水地质构造地电模型,形成了电阻率法隧道含水构造超前探测数值正演方法。

2.2.3.1 单个直立含导水断层超前探测数值正演

将含水断层裂隙、破碎带或裂隙状溶洞简化为一个具有较低电阻率的薄板,假设围岩的电阻率是均匀的,除含导水断层和隧道空腔之外没有其他异常体;假设薄板的倾角为 $90°$,且走向与隧道轴线垂直。如图 2-2 所示,原点位于底板中线与掌子面的交会处,测线位于隧道底板中线,l_x、l_y、l_z 分别为薄板沿 x 轴、y 轴、z 轴的边长,d 为 A 极与薄板前沿的距离。

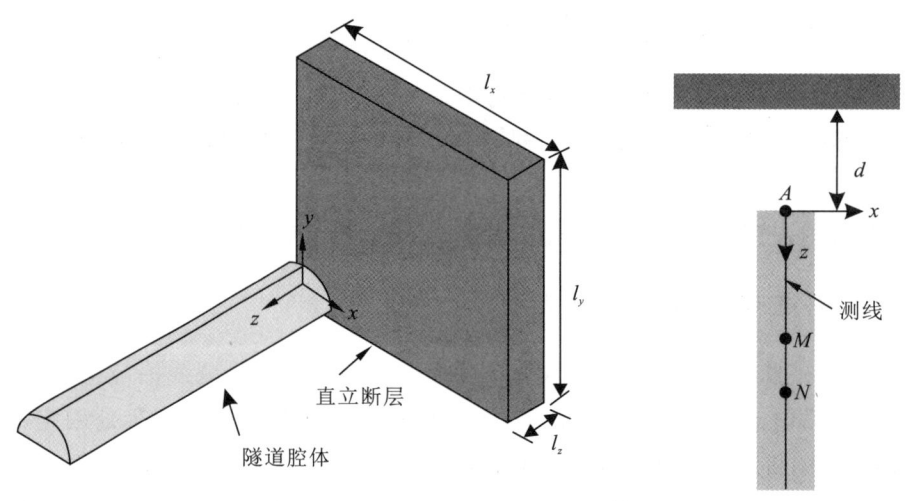

图 2-2 单个直立含导水断层超前探测地电模型

设计了两组地电模型,参数如表 2-1。设 d 是变化的,表示不同位置的断层,令隧道腔体电阻率 $\rho_3 = 1 \times 10^6 \, \Omega \cdot m$。图 2-3 是正演结果:掌子面前方不存在异常体时,曲线存在极小值,是单纯由隧道腔体引起的,为纯隧道异常;掌子面前方存在含水体时,曲线也存在极小值,是由隧道腔体和含水体共同造成的,其异常幅度显著提高。

表 2-1 地电模型的参数

模型	$\rho_1/(\Omega \cdot m)$	$\rho_2/(\Omega \cdot m)$	l_z/m	MN/m
第一组	3 000	10	0.5	2.0
第二组	1 000	20	0.3	2.0

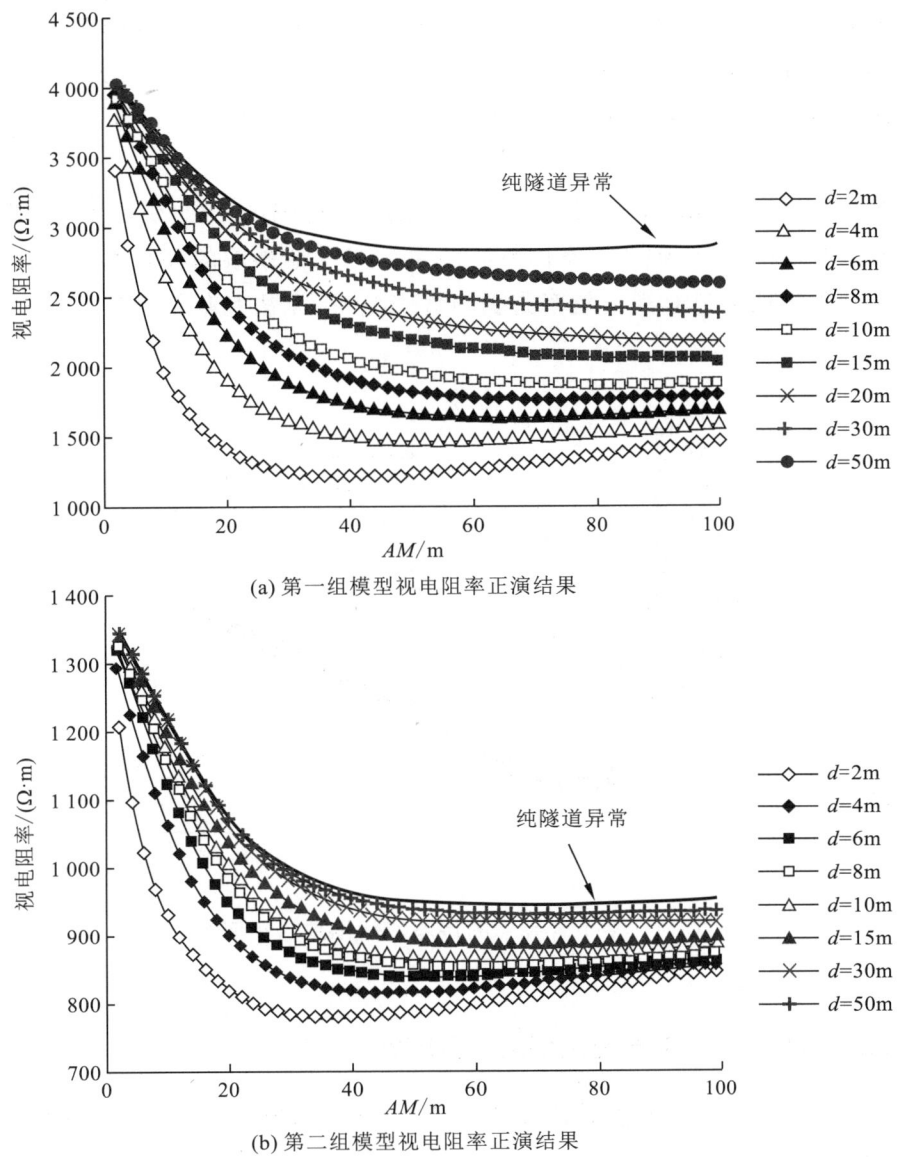

(a) 第一组模型视电阻率正演结果

(b) 第二组模型视电阻率正演结果

图 2-3 单个含导水断层超前探测数值正演结果

视电阻率异常响应具有如下特征:曲线形态受多个因素的综合影响,围岩与断层电阻率差别越大,断层厚度越大,断层距掌子面越近,则数据异常越大,反之,数据异常越小;曲线的极小值是表征掌子面前方低阻体存在的重要特征,对于具有同样参数的低阻断层,极小值位置 L_{min} 随着 d 的增加而增加;在测线足够长的情况下,曲线的尾支数值趋于围岩的电阻率。

2.2.3.2 多个含导水断层超前探测数值正演

设计了两条断层的简化地电模型。其中,各条断层均为直立断层,且走向均与隧道轴线垂直,两条断层的中心距离为 d'。假设首个断层(将距掌子面最近的断层称为首个断层)的位置固定,而其他断层位置变化,这样便有了多种组合;再假设各条断层的厚度、电阻率均相同。首个断层的参数如下:$\rho_1=3\,000\Omega\cdot m$,$\rho_2=10\Omega\cdot m$,$d=8.0m$,$l_z=2.0m$,$MN=2.0m$。

正演结果如图 2-4 所示,分析可知:与单个断层的超前探测曲线相比,两个断层超前探测数据幅值均有所降低,但并没有因首个断层后方其他断层的存在而导致曲线出现对应的极值点。这表明通过对视电阻率曲线的直观分析,无法判断首个断层后方是否存在其他断层。

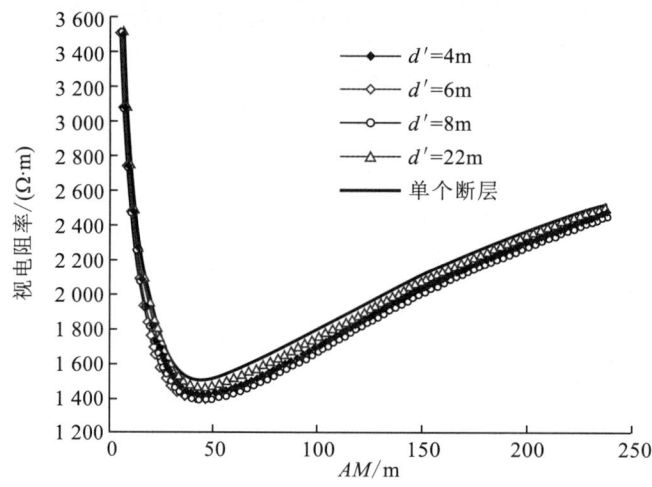

图 2-4　多个含导水断层超前探测数值正演结果

2.2.3.3　倾斜含导水断层超前探测数值正演

设计了一组倾斜含导水断层超前探测的地电模型,倾斜断层的展布形态如图 2-5 所示,网格的边长为 5m,模型参数为 $\rho_1=3\,000\Omega\cdot m$,$\rho_2=10\Omega\cdot m$,$MN=2.0m$,布置了 4 条测线[测线位置见图 2-5(d)]。图 2-6 为倾斜含导水断层裂隙超前探测数值正演结果。由此可见,测线一的数据异常响应最明显,这是因为测线一距离含水断层最近,所受到的电场畸变影响最严重;而测线四的数据异常响应最微弱,因为其距离断层最远。视电阻率数据幅值的大小与掌子面前方含水体的分布情况有关,采用多测线立体测量方式有利于获取关于含水构造展布形态的更多信息。

2.2.3.4　含水溶洞与断层超前探测数值正演

设计了含水溶洞与断层组合超前探测的地电模型(图 2-7)。溶洞的半径为 2m,断层的参数为:$\rho_1=3\,000\Omega\cdot m$,$l_x=l_y=24m$,$l_z=2.0m$,溶洞和断层的电阻率为 $\rho_2=10\Omega\cdot m$。在底板布置了两条测线。图 2-8 为正演结果,与单个溶洞或单个断层超前探

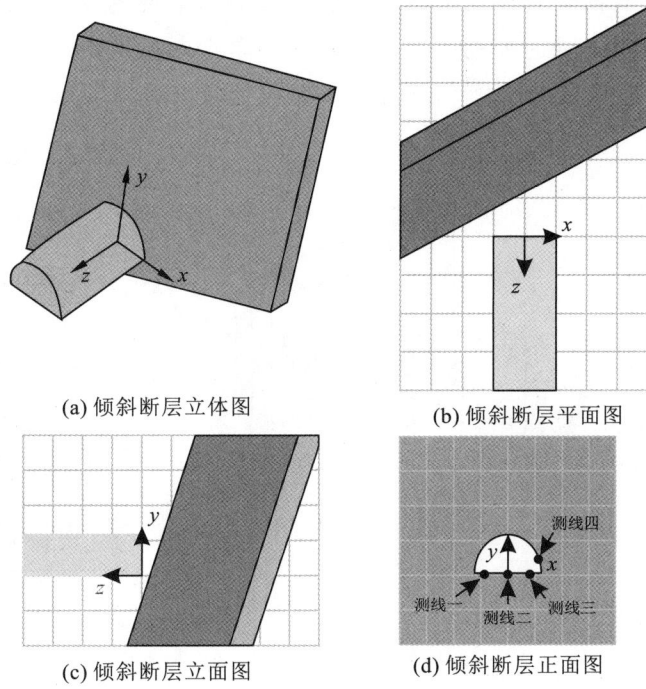

(a) 倾斜断层立体图 (b) 倾斜断层平面图

(c) 倾斜断层立面图 (d) 倾斜断层正面图

图 2-5 倾斜含导水断层超前探测地电模型
(a)倾斜断层立体图;(b)倾斜断层平面图;
(c)倾斜断层立面图;(d)倾斜断层正面图

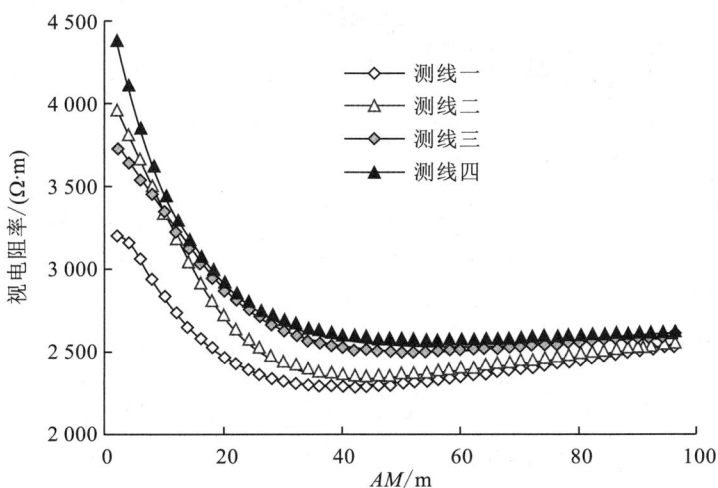

图 2-6 倾斜含导水断层裂隙超前探测数值正演结果

测的数据相比,观测数据对这两者组合的响应较敏感。测线一要比测线二的异常明显,前者距溶洞较近,该处电场畸变较大;而后者距溶洞较远,电场畸变较小。另外,当断层比溶洞更接近掌子面时,数据对这种地质组合的响应与单个断层的响应基本一致,表明断层异常会掩盖其后方(z 轴负方向)含水溶洞异常,不利于断层后方含水溶洞的发现。

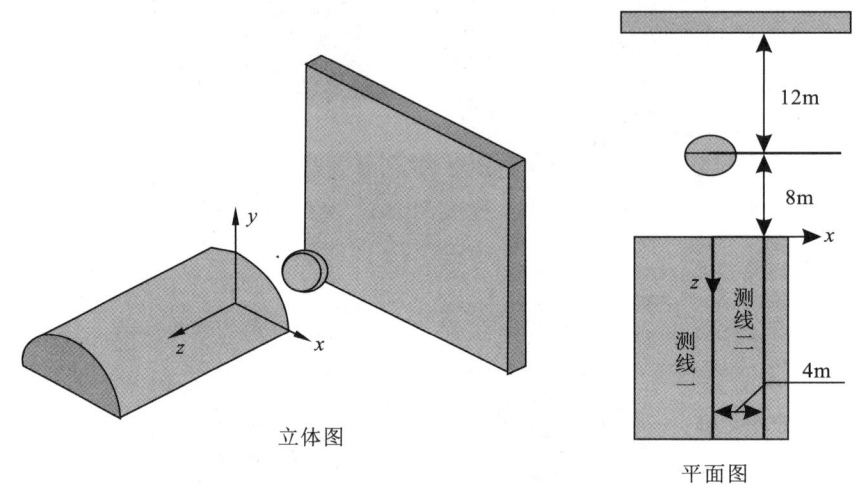

图 2-7 含水溶洞与断层组合超前探测地电模型

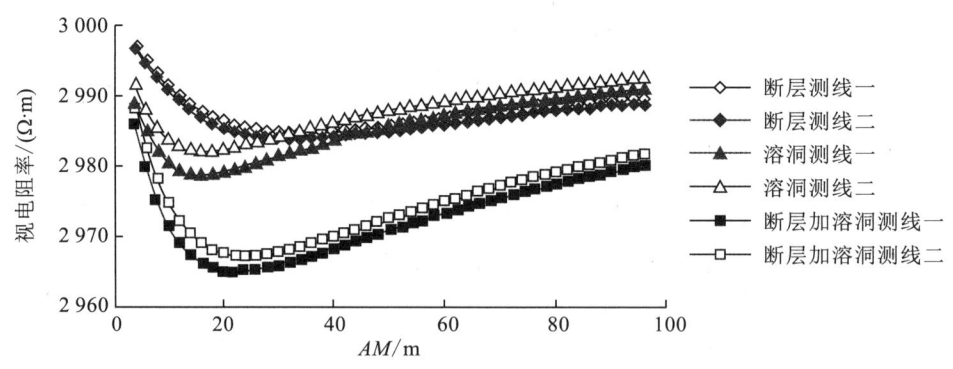

图 2-8 含水溶洞与断层组合超前探测数值正演结果

2.2.4 电阻率法超前探测的干扰识别与去除方法

在实际工程中,测量电极附近电阻率的不均一性会给观测数据带来扰动,这是电阻率法超前探测中最主要的干扰。针对该问题,本书提出了一套干扰去除方案。

(1)对于单个干扰的情况,视电阻率曲线往往表现为单个突变性极值,通过数据圆滑技术可去除该干扰。

(2)对于多个干扰的情况,视电阻率曲线异常较复杂,因此提出了电阻率层析成像法

(ERT)的解决思路,沿超前探测测线布置一条 ERT 测线,通过反演得到测线附近的电阻率分布,利用"比值法"将干扰剔除。

为了验证多个异常体干扰去除方法的有效性,设计了含有旁侧干扰的地电模型(图 2-9),底板以下存在干扰体。模型参数为:$\rho_1=10\Omega \cdot m$,$\rho_2=3\,000\Omega \cdot m$,$d=10m$,$l_x=16m$,$l_z=1m$。异常体①②③距掌子面的距离分别为 10m、17m、24m,顶部距隧道底板距离为 3m,在 z 方向上的厚度为 1m,x 方向上的长度为 12m,y 方向上的长度为 2m,电阻率为 $800\Omega \cdot m$。

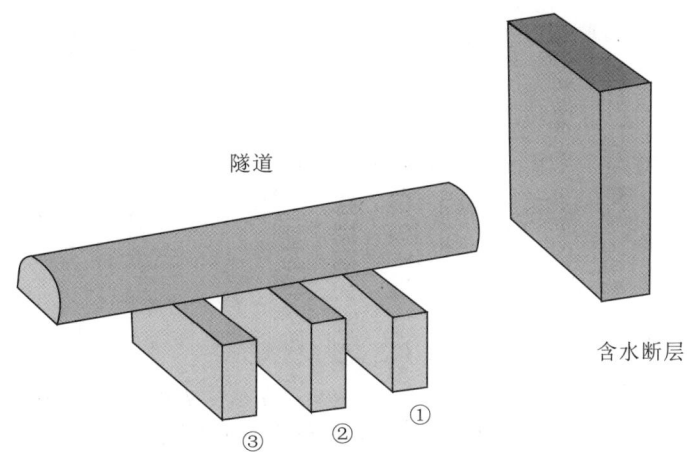

图 2-9 含有旁侧干扰的含水断层超前探测地电模型

3 个异常体同时存在时,曲线形态发生的变化较复杂,如图 2-10 所示。利用 ERT 对底板以下的异常情况探测,通过三维反演得到底板以下的电阻率结构,将异常体从反演结果中提取出来,可见反演结果与实际情况基本一致。针对图 2-11 中只存在 3 个异常体的情况进行超前探测正演,得到异常体引起的视电阻率异常(图 2-12)。利用比值法,

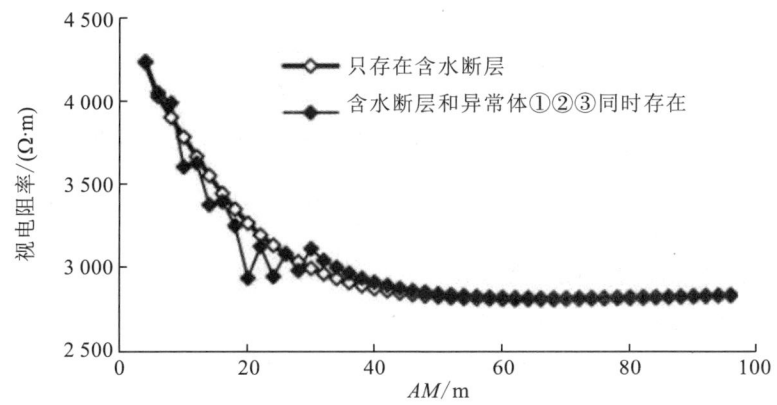

图 2-10 多个干扰体存在时的正演数据

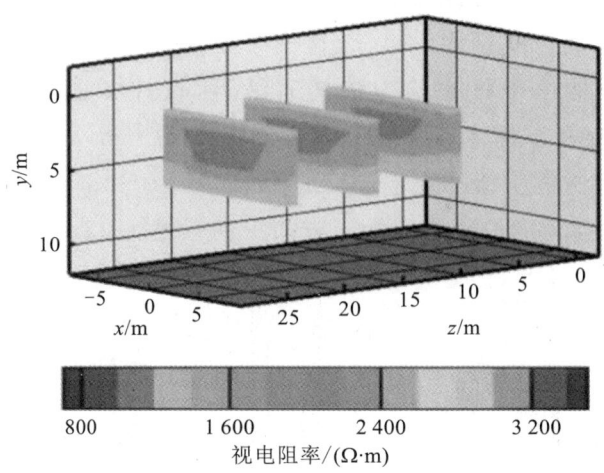

图 2-11 干扰体探测的反演结果

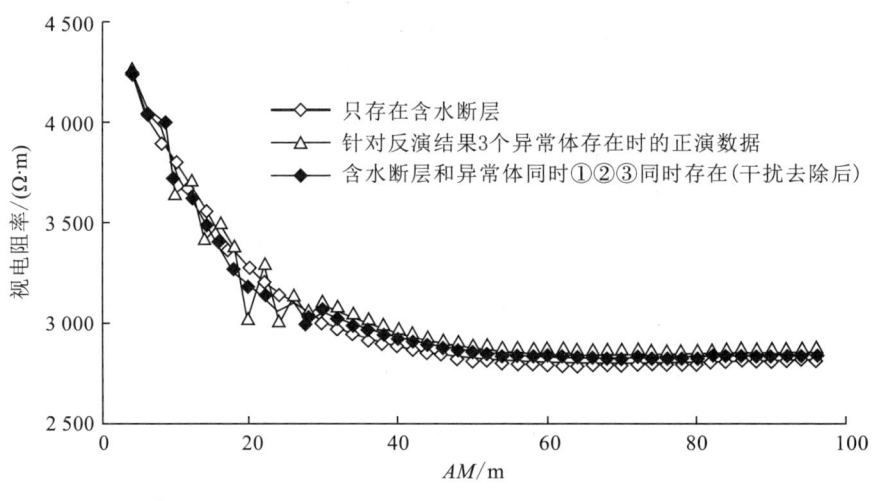

图 2-12 干扰去除之后的正演数据

从原数据中将异常体干扰异常去除,发现去除之后的数据与不含干扰的数据基本吻合,可见利用 ERT 反演方法可以较好地去除多个异常体的干扰。比值法的公式如下:

$$\rho_{s去除} = \frac{\rho_{s干扰} \rho_{s纯隧道}}{\rho_{s纯干扰}} \quad (2-1)$$

式中,$\rho_{s去除}$ 为去除干扰后的视电阻率数据;$\rho_{s干扰}$ 为含有干扰信息且掌子面前方含水体同时存在时的视电阻率数据;$\rho_{s纯干扰}$ 为只含有干扰体信息的纯干扰视电阻率数据;$\rho_{s纯隧道}$ 为单纯由于隧道腔体引起的视电阻率异常数据。

2.3 电阻率法隧道超前探测物理模型试验

电阻率法模型试验的相似性需要满足以下两个方面。

(1)几何因素比值统一为 G。几何因素包括地质体的几何形状、大小、埋深、位置、电极位置、地形形状等。

(2)各电性不均匀体的比值需与实际地质条件一致。

满足上述两个条件,所测的归一化视电阻率曲线与实际情况下的归一化电阻率曲线形状一致。

2.3.1 试验装置系统

2.3.1.1 试验模型架

本项目设计了隧道三维全空间超前探测物理模型试验台架装置,该台架由槽钢做框架,由小型钢板拼装而成,尺寸为高 2m×宽 2m×长 4.5m,内里涂绝缘漆以模拟高阻边界。该试验中的含水构造采用具有代表性的含水断层,位于掌子面正前方,尺寸为高 2m×宽 2m×厚 0.2m,产状直立,走向与隧道轴线垂直。隧道腔体采用高强度高电阻率 PVC 材料,断面为半圆形,外径为 0.15m,长度为 3.2m。测线布置在隧道底板(图 2-13),长度为 2.5m。

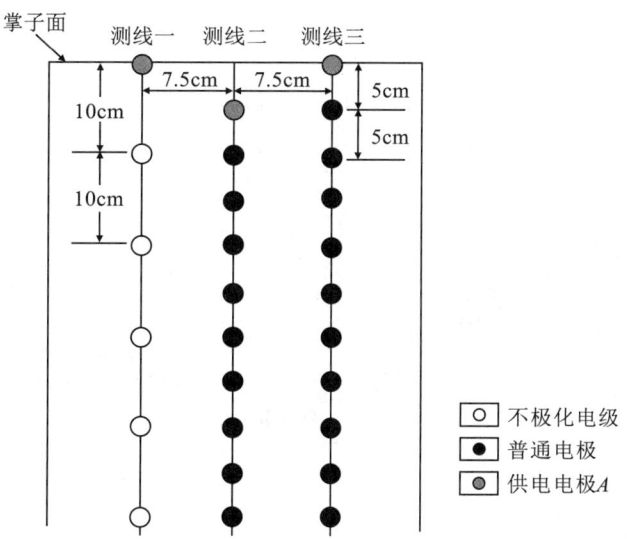

图 2-13 测线布置及电极埋设平面图

2.3.1.2 模型试验相似比与材料

本模型选择几何因素相似比值为 40。选定黏土作为围岩材料,石英砂作为含水构造的填充材料。围岩的电阻率 ρ_1 是一个固定值,约 $200\Omega \cdot m$。含水构造的电阻率是一个变化值,通过改变含水构造中的含水率,模拟不同电阻率值的含水构造,分步骤向断层中注水,每次注水后采集一次数据,以便研究不同水量情况下各观测数据的异常特征。

2.3.2 含水构造超前探测试验数据分析

2.3.2.1 试验数据分析

试验数据如图 2-14 所示。结果表明:各测线数据对含水构造具有明显的响应特征,各条曲线在 0.8~1.2m 范围内均存在极小值;每条曲线尾支的视电阻率值均趋于 $200\Omega \cdot m$,与本试验中围岩的电阻率($200\Omega \cdot m$)相当,这个结论与数值正演研究所得到

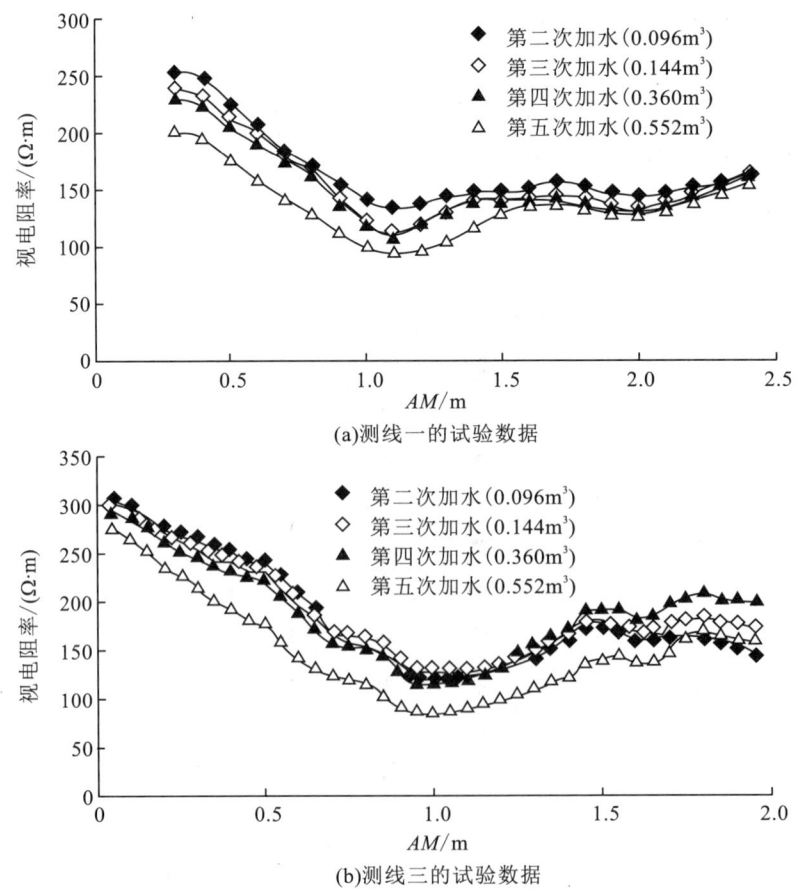

图 2-14 各测线的视电阻率试验数据

的结论一致;视电阻率数据对于含水构造电阻率的变化响应敏感,每条测线中的曲线幅值均随着电阻率的降低而降低。

2.3.2.2 试验数据与数值正演结果对比

根据试验原型尺寸和视电阻率分布,建立三维有限单元模型,进行数值正演。本书只给出测线一上第二次和第四次加水的数值模拟结果及试验数据(图 2-15,横坐标括号内数字表示试验中的 AM 值,括号外的数字表示对应原型的 AM 值)。可见试验数据与数值模拟数据基本一致,既验证了数值正演的正确性,又检验了定点源三极法工作方式超前探测的有效性。

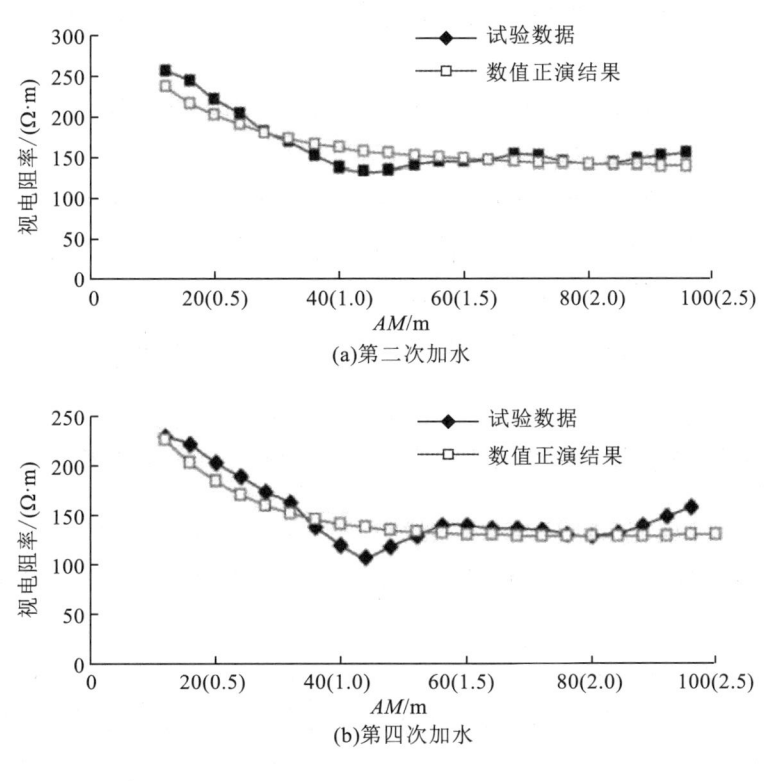

图 2-15 试验数据与数值正演结果

2.4 基于激发极化法的隧道含水构造超前探测技术

2.4.1 激发极化法隧道超前探测三维观测方式

由于受隧道内工作场地的限制和探测目的的特殊性(即超前探测),导致常规的电阻率法和激发极化法的工作方式不能照搬到隧道超前探测工作中。将定点源三极法作为隧道内超前探测的主要装置形式,其具体工作方法是将测线沿隧道走向布置在隧道底板或边墙上,将供电点源 A 极固定在掌子面处不动,B 极放置在无穷远处固定不动,而测量电极 M 极和 N 极沿测线移动以采集数据,设 A 极与 M 极的距离为 AM,M 极与 N 极的距离为 MN。在定点源三极法的基础上设计了多测线立体测量方式,在隧道底板上或边墙上同时布置多条平行的测线,一方面多条测线数据之间可相互校核,提高了数据的可信度;另一方面增加了观测数据量,有利于抑制反演的多解性,每条测线可反映不同位置的异常信息,有利于实现掌子面前方异常体的三维成像。

2.4.2 隧道含水地质构造超前探测三维成像技术

地球物理勘探数据的解释需要借助地球物理反演手段,地球物理反演实现了由观测数据空间到地质模型空间的映射。该技术解决了掌子面前方含水体的三维成像难题,可以从以下 3 个方面入手。

(1)提出了基于光滑约束的最小二乘法的三维电阻率反演方法及其计算效率优化方案,这是含水体三维成像的核心技术。

(2)提出了测线附近干扰的识别与去除技术,这是提取掌子面前方有用信息的关键技术,去除了测线下方的信息,保证了探测方向的向前性。

(3)确定了探测范围和反演目标区域,保证了反演的指向性。

以上 3 个方面的研究成果构成了隧道含水地质构造超前探测的三维成像的方法与技术体系。

2.4.2.1 基于光滑约束的最小二乘法三维电阻率反演成像技术

正演模拟是反演成像的前提和基础,利用有限单元法求解三维全空间中点源电场异常电位的变分问题,以实现三维电阻率勘探的正演。三维点源场对应的有限元线性方程组如下:

$$\boldsymbol{K}\boldsymbol{u} = -\boldsymbol{K}'\boldsymbol{u}_0 \tag{2-2}$$

式中,u、u_0 分别为含有各节点异常和正常电位值的向量;$\boldsymbol{K}'$、$\boldsymbol{K}$ 分别为异常和正常电位向量的总体系数矩阵。

对于节点 i,正常电位 u_{0i} 可表示为:

$$u_{0i} = \frac{I}{4\pi\sigma_0 R} \tag{2-3}$$

式中,R 为该节点与电源点的距离;I 为电流;σ_0 为电源点附近围岩的电导率。

求得每个节点的正常电位值后,便得到节点的总电位。

需要说明的是,为了模拟隧道空腔,将隧道空腔内的单元电阻率定义为一个较大的值,如 $1\times10^5\ \Omega\cdot m$。

携带光滑约束的最小二乘反演成像方程为:

$$(\boldsymbol{A}^{\mathrm{T}}\boldsymbol{A} + \lambda \boldsymbol{C}^{\mathrm{T}}\boldsymbol{C})\Delta \boldsymbol{m} = \boldsymbol{A}^{\mathrm{T}}\Delta \boldsymbol{d} \tag{2-4}$$

式中,A 为偏导数矩阵,表示数值正演得到的理论观测数据对模型参数的偏导数矩阵;Δm 为每次反演迭代中模型参数增量向量;Δd 为观测数据 d_{obs} 与正演理论值 d_m 的残差向量;λ 为拉格朗日常数,表示反演方程中光滑约束的权重;C 为光滑度矩阵。

对于三维电阻率反演问题而言,观测数据的个数往往小于未知参数的数目,且由于观测数据存在误差等原因,导致方程中往往存在较强的相关性。在这种情况下,反演问题表现为混定问题。为解决上述问题,需要在模型构制中施加先验信息。本书将光滑约束作为先验信息施加到反演方程中,所谓光滑约束,就是指相邻网格的电阻率值光滑过渡,也就是使相邻网格电阻率差异极小,构制最为"简单"的三维地球物理模型。这种约束有其天然的合理性,因为它保持了模型所具有的基本特征。光滑约束的施加,大大降低了反演方程的不适定性。对于第 i 个网格而言,光滑约束可表示如下:

$$R_i = \frac{\Delta m_i^f + \Delta m_i^b + \Delta m_i^l + \Delta m_i^r + \Delta m_i^u + \Delta m_i^d - 6\Delta m_i}{6} \qquad (2-5)$$

式中,Δm_i^f、Δm_i^b、Δm_i^l、Δm_i^r、Δm_i^u、Δm_i^d 分别为第 i 个网格的前、后、左、右、上、下的相邻网格的电阻率修正量。

将整个模型的光滑约束用矩阵形式可表示为:

$$\boldsymbol{R} = \boldsymbol{C} \Delta \boldsymbol{m} \qquad (2-6)$$

三维电阻率的反演就是通过多次迭代逐步逼近最优解的过程,其反演流程如图 2-16 所示。反演收敛的判据为 rus<ε_{inv}(rus 为观测数据 d_{obs} 与正演理论值 d_m 之间的均方误差)。

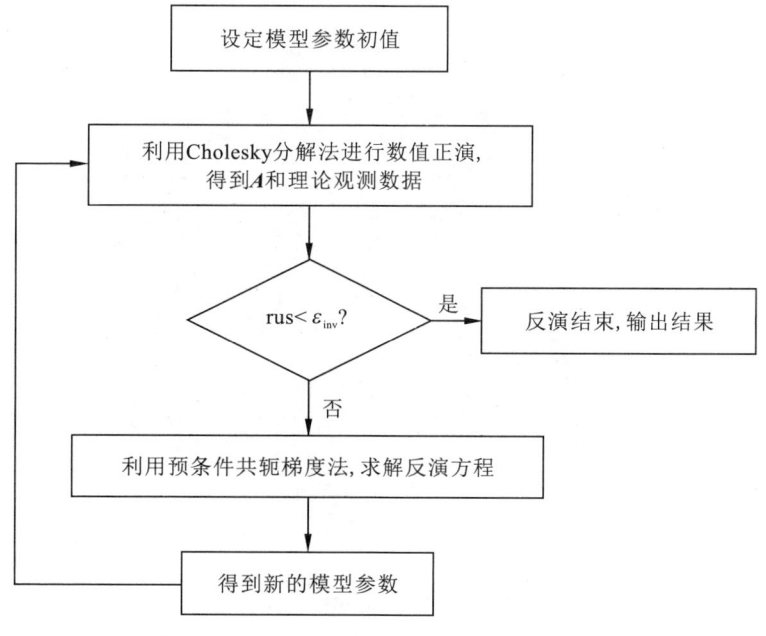

图 2-16 电阻率层析成像反演流程图

在反演流程中计算量最大的是反演方程的计算和 A 的求解,提高二者的计算效率是实现快速反演的基础,为此设计了反演效率优化方案如下。

(1)偏导数矩阵计算:每计算一次 A 都要进行多次正演,故采用 Cholesky 分解法。针对多次正演,Cholesky 分解法只需对总体系数矩阵进行一次分解,然后对不同的电源点只需分别进行回代即可,计算速度与高斯类法和迭代法相比具有明显优势。

(2)反演方程求解:利用预条件共轭梯度算法求解反演方程,不仅避免了矩阵乘 $A^{\mathrm{T}}A$ 和 $C^{\mathrm{T}}C$ 的直接计算,而且系数矩阵的对角线矩阵作为预处理矩阵,计算效率与高斯类法和其他预条件共轭梯度法相比具有显著优势。

2.4.2.2 反演目标区域确定

确定反演区域对于明确反演目标靶区、改善反演效果具有重要意义。实际工作中电阻率测量允许 4%~5% 的相对均方差,只有异常幅度大于 3 倍均方误差时,该异常才可靠,也就是说,大于 12% 的视电阻率异常才可判定为异常体的反映。因此,本书按照下列方式定义反演区域:在某个范围内的含水地质构造可导致观测数据异常幅度超过 12%,这个范围即为数据响应敏感区,也就是反演目标区域。通过对不同类型含水构造的系统正演模拟研究,得到了反演目标区域。

如图 2-17 所示,反演目标区域的范围如下:在 z 方向上为 60m,在 x 方向上左右各 30m(以隧道底板中心线为分界线),在 y 方向上上、下各 30m(以隧道底板为分界线)。

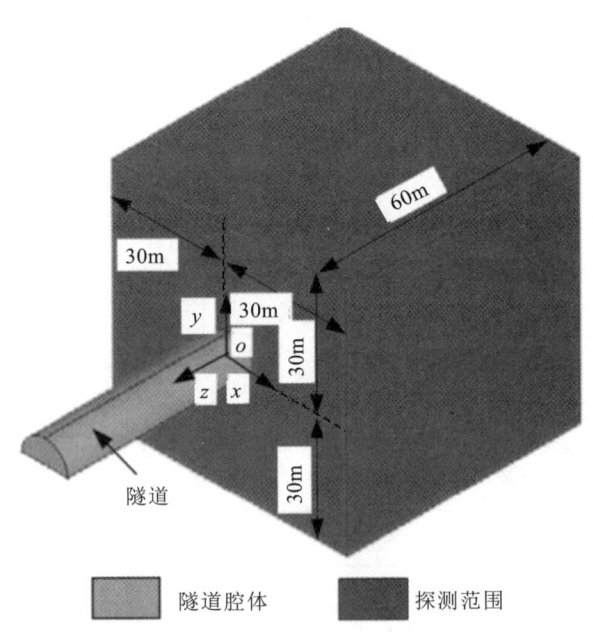

图 2-17 激发极化法超前探测范围

2.4.2.3 测线附近干扰识别与去除技术

测量电极附近介质电阻率的不均一性是最主要的干扰,研究围岩电阻率不均一性对超前探测数据的干扰及其去除方法,对于提取掌子面前方的有用信息,保证反演方向的向前性具有重要作用,因此提出了一套干扰识别与去除方案。

(1)对于单个或少数几个干扰的情况,视电阻率曲线往往表现为单个突变性极值,如图 2-18 所示,通过数据滤波或叠加技术便可去除这种干扰。

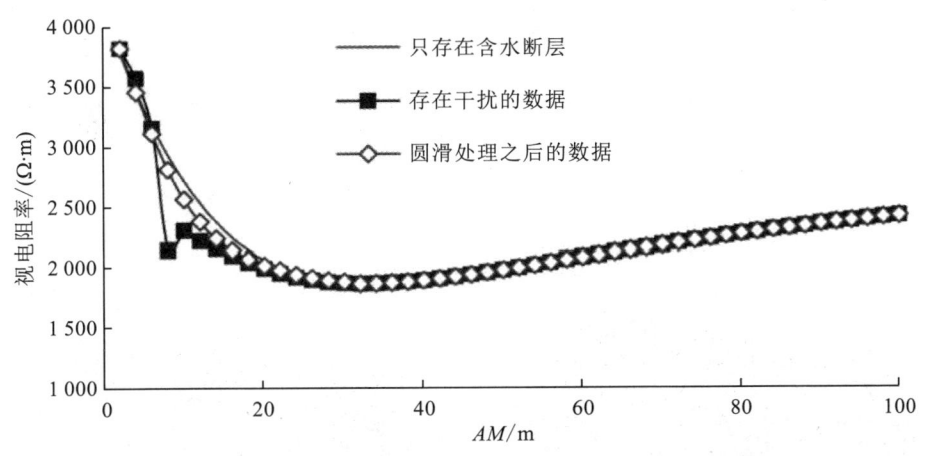

图 2-18 MN 电极存在异常体时的视电阻率正演数据

(2)对于多个干扰的情况,视电阻率曲线往往表现为多个突变性极值,采用数据叠加技术一般不能达到良好的效果,因此提出了电阻率层析成像法的解决思路,沿超前探测测线布置一条 ERT 测线,通过对 ERT 数据的反演得到测线附近的电阻率分布,从而将干扰去除,图 2-19 为利用 ERT 探测异常体干扰的正演结果。

2.4.2.4 含水体超前探测三维反演成像技术体系

根据前述内容,提出了含水体超前探测三维成像的技术体系,该体系以最小二乘法反演方法、干扰识别去除和反演靶区确定为关键技术。

2.4.2.5 合成数据算例

为了检验含水体超前探测三维成像技术的效果,分别对含水断层以及溶洞与断层的组合等含水体的超前探测进行了数值试验。由图 2-20、图 2-21 可知,三维反演成像结果与原型中的含水体基本一致,反演效果良好,可满足隧道超前地质预报的要求。可见,利用基于光滑约束的反演方法可得到渐变层状分布的较"简单"的电阻率结构模型,不会出现干扰判断和解释的多余复杂结构。

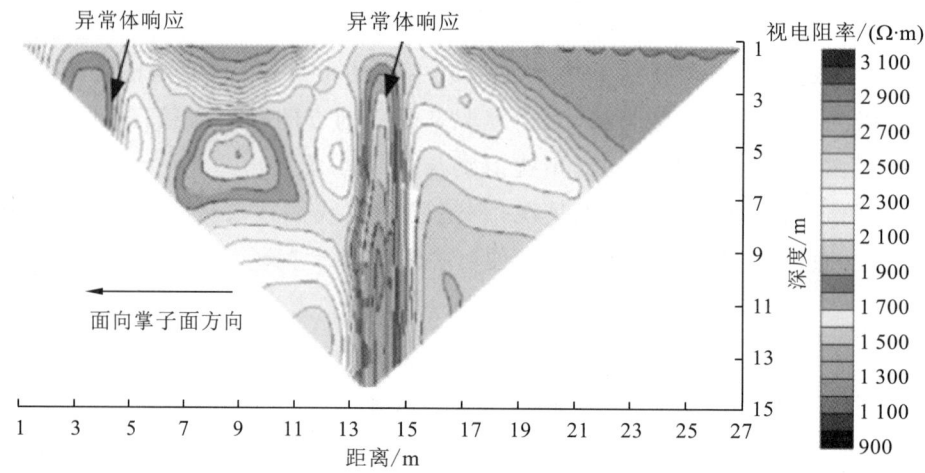

图 2-19 利用 ERT 探测异常体干扰的正演结果

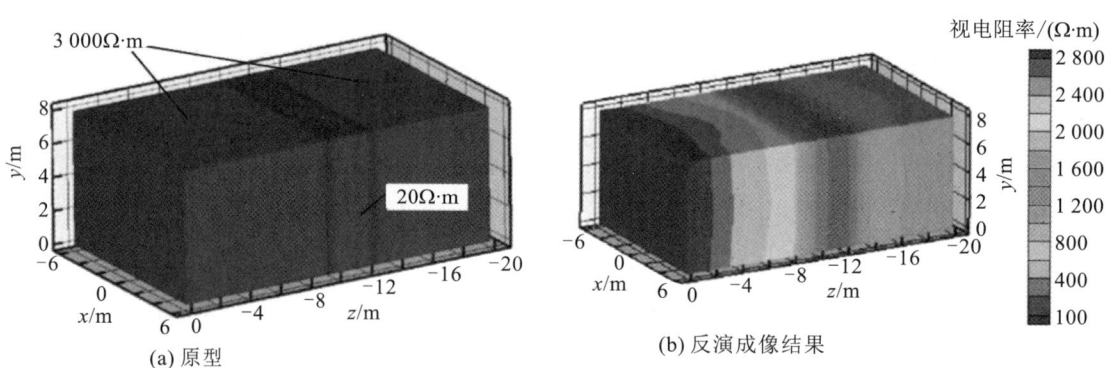

图 2-20 单个含水断层超前探测反演结果

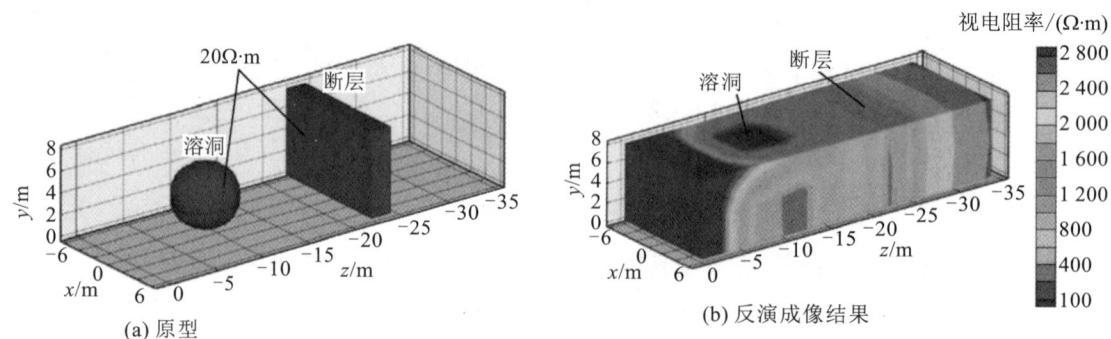

图 2-21 含水溶洞与含水断层组合超前探测反演结果

2.5 隧道含水体水量估算技术

目前,尚不存在用于隧道掌子面前方含水体水量预测的地球物理勘探方法,探索对含水地质构造水量预测行之有效的预报方法具有重要意义。物探工作者在地面找水实践中利用激发极化法探索发现,半衰时之差幅值与水量之间存在正相关关系,并提出了相关的水量预测技术,对隧道含水构造探测中水量的预测和估算具有重要的借鉴及参考意义。

2.5.1 模型试验研究

由于对激发极化效应发生机制的理论研究尚不成熟,因此利用物理模型试验手段,研究隧道超前探测中含水体水量与半衰时之差数据之间的相关关系,以提出相应的水量预测方法。

2.5.1.1 试验材料

该模型主要由隧道腔体、围岩和断层构成,其中隧道腔体采用高阻高强 PVC 材料制作。选定黏土作为围岩材料,将含水率这一影响黏土激电特性的主导因素控制在 16% 左右,使得围岩电阻率保持在 200Ω·m 左右。将石英砂作为含水构造的填充材料,试验过程中通过向含水构造加入不同量的水来模拟不同含水情况的断层。含水构造利用较为致密的木板,设置了 4 层隔水板,将含水断层分为 5 个部分,每部分中充填少量海绵,每次加水使得每部分水量等同,以保持水在断层中均匀分布。

2.5.1.2 数据采集装置

数据采集设备采用自主研发的时域二电流激发极化仪器,测线布置在隧道底板(图 2-22),供电电极采用金属电极,而测量电极采用不极化电极。

 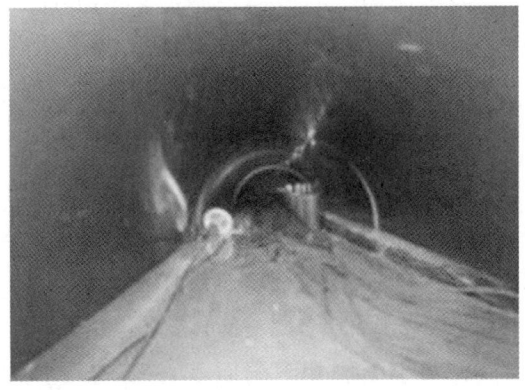

图 2-22 测线布置及电极埋设

2.5.1.3 试验过程

初始数据采集:在断层未注水之前采集各条测线的数据,将此数据作为初始数据和背景值。

分步骤注水:分步骤向断层中注水,每次注水后采集一次数据,以便研究不同水量情况下各观测数据的异常特征。

2.5.1.4 试验数据分析

图2-23给出了半衰时之差与AM关系。通过分析得到了半衰时之差对于注入水量的响应特征,主要结论如下。

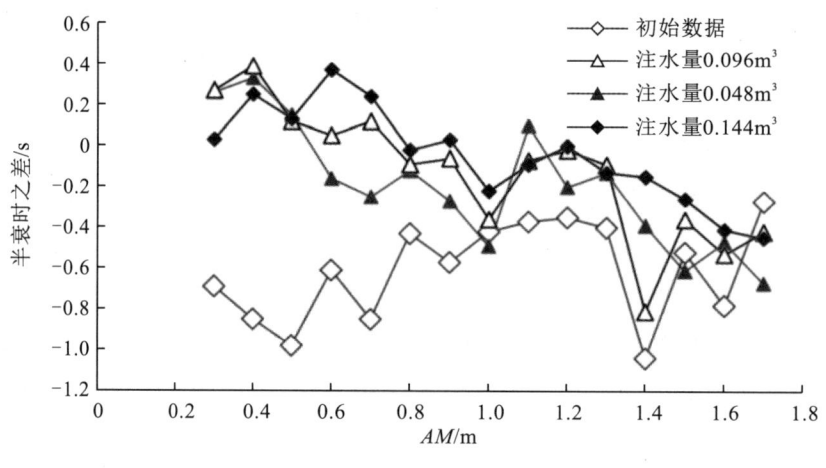

图2-23 半衰时之差与AM关系

(1)当含水构造不含自由水时,半衰时之差为负值;当含水构造中注水后,曲线开始出现正值,且曲线的正值部分与坐标轴的包络面积随着注入水量的增加而增加。

(2)绘制出半衰时之差包络面积与注入水量之间的关系曲线(图2-24),并进行线性拟合,发现二者之间具有良好的线性正相关关系。

(3)这一组试验数据表明,半衰时之差法用于隧道含水体水量预测具有良好的可行性,初步发现二者之间具有线性正相关关系。

为了给研究含水体水量与半衰时之差幅值的相关关系提供更多的数据支持,故进行了另一模型试验。该试验中分别对单个断层和单个溶洞超前探测的情况进行了物理试验模拟。

图2-25给出了半衰时之差包络面积与注入水量的关系,主要结论如下。

(1)对于断层和溶洞而言,注入水量与半衰时之差包络面积之间都呈现良好的线性正相关关系,且根据拟合线性方程可知当面积为0时,对应的注入水量也近似为0。

(2)与含水溶洞相比,含水断层的位置偏下,但半衰时之差数据对二者中水量的响应

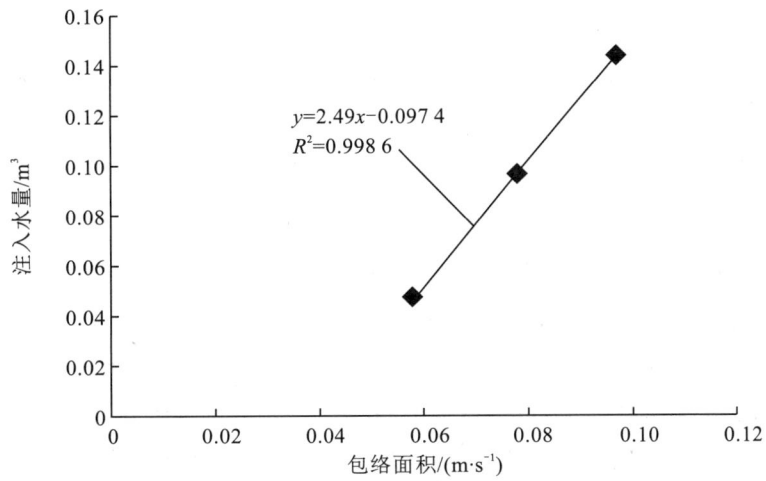

图 2-24 半衰时之差包络面积与注入水量的关系

幅度较为一致(图 2-25 中标记①与②处二者的数据点基本重合),表明半衰时之差幅值对水体的赋存位置响应并不敏感。

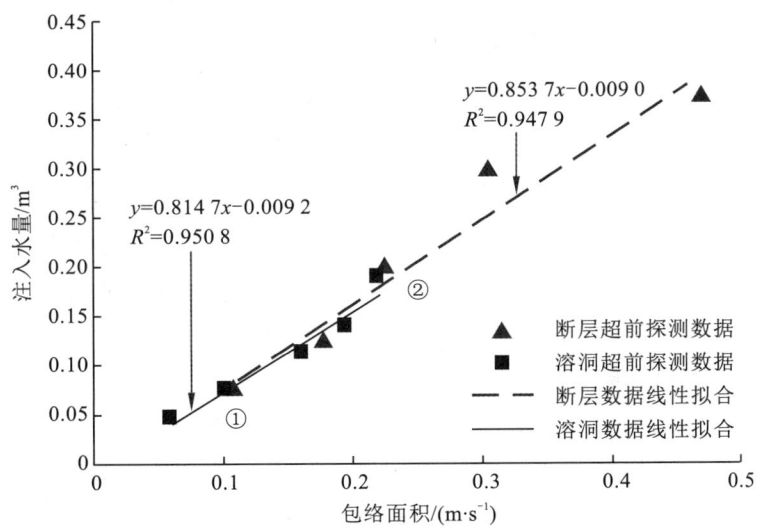

图 2-25 断层和溶洞半衰时之差包络面积与注入水量的关系

2.5.2 隧道含水体水量估算技术

上述各组模型试验数据有效地印证了半衰时之差参数用于含水构造水量预测和估算的可行性和有效性,发现半衰时之差参数对于自由水和束缚水具有较强的区分能力,含水构造中注入水量与半衰时之差包络面积间呈现良好的线性正相关关系。假设含水体水量为 V,包络面积为 A,则二者的关系如下:

$$V = aA + b \tag{2-7}$$

式中,a,b 均为线性相关系数。

在图 2-25 所示的两组数据中,其线性拟合方程中均有 $b \approx 0$,结合其他模型试验数据可知,$\lim\limits_{A \to 0} V \approx 0$,因此,式(2-7)可简化为如下形式:

$$V = aA \tag{2-8}$$

需要说明的是,图 2-25 中的数据 $b \neq 0$,其原因应是数据点较少(3 个),导致拟合直线误差的产生。由于介质的激电效应受到介质的矿化程度、溶液含盐成分等诸多因素的影响,试验得到的具体数学表达式没有普遍意义,因此本书并没有着重研究具体的数学关系表达式。事实上,本书所发现的含水体水量与半衰时之差之间的线性正相关的单调相关关系,已经为隧道含水体水量的估算奠定了坚实的基础。基本思想如下:对于实际工程,工程区域内介质的矿化程度、溶液含盐成分等特性基本稳定,通过一次探测与开挖验证数据积累,便可得到针对该工程的具体数学关系表达式,从而为后续的水量预测工作提供数据支持,并且随着数据量的积累,还可以对数学关系进行修正。

根据上述思想,提出了一套利用半衰时之差法进行含水体水量估算的方法。需要指出的是,对于以动储量为主的含水构造(如导水裂隙、导水岩溶管道等),其动储量与半衰时之差的包络面积也存在线性正相关关系,其动储量也可按照该方法进行估算。

2.6 基于不等式约束的最小二乘反演方法

采用以三维有限元数值正演为基础的反演方法,设三维有限元模型的网格数量为 $n_x \times n_y \times n_z = m$ 个(其中 n_x、n_y、n_z 分别为 x、y、z 方向上的网格数),设模型参数为 $\boldsymbol{m} = (\rho_1, \rho_2, \cdots, \rho_m)^T$,视电阻率观测数据为 $\boldsymbol{d}_{obs} = (\rho_{s1}, \rho_{s2}, \cdots, \rho_{sn})^T$,其中 n 为观测数据的数量。三维电阻率反演是非线性问题,将其线性化并正则化,得到如下方程:

$$\boldsymbol{A}^T \boldsymbol{A} \Delta \boldsymbol{m} = \boldsymbol{A}^T \Delta \boldsymbol{d} \tag{2-9}$$

式中,$\boldsymbol{A}$ 为敏感度矩阵;$\Delta \boldsymbol{m}$ 为模型参数增量向量;$\Delta \boldsymbol{d}$ 为观测数据 $\boldsymbol{d}_{obs}$ 与正演理论值 $\boldsymbol{d}_m$ 的残差向量;$\boldsymbol{d}_m$ 为根据给定的模型参数由数值正演得到的理论观测数据。

2.6.1 不等式约束的施加

多解性问题是地球物理反演的固有问题,为进一步减小反演问题的多解性,将模型参数的变化范围作为先验信息,将表征模型参数变化范围的不等式约束施加到反演方程中。

$$\rho_{i\min} \leqslant m_i \leqslant \rho_{i\max} \quad (i = 1, 2, \cdots, m) \tag{2-10}$$

式中,m_i 为第 i 个网格的电阻率;$\rho_{i\min}$ 和 $\rho_{i\max}$ 分别为第 i 个网格电阻率的下限和上限。

需要指出的是,电阻率的变化范围可以是根据一般物理常识获得的较宽泛的一个范围,也可以是根据钻孔等其他方式获得的较精确的一个范围。

综合考虑光滑约束[式(2-5)]和不等式约束[式(2-10)],提出如下三维电阻率反演的目标函数：

$$\Phi = (\Delta d - A\Delta m)^T(\Delta d - A\Delta m) + \lambda(C\Delta m)^T(C\Delta m)$$

$$\rho_{i\min} \leq m_i \leq \rho_{i\max} \quad (i=1,2,\cdots,m) \tag{2-11}$$

在式(2-11)中，光滑约束可按照式(2-4)的形式施加到反演方程中，而如何将不等式约束施加到反演方程中是一个关键性难题。为此采用 Kim 的做法，定义一个新的参数向量 X 来表征模型参数，X 与 m 的关系表示为：

$$X_i = \ln\left(\frac{m_i - \rho_{i\min}}{\rho_{i\max} - m_i}\right) \tag{2-12}$$

式中，X_i 为向量 X 的元素。

根据式(2-12)可得到 X 的扰动量 ΔX 与 Δm 之间的关系：

$$\Delta X_i = \frac{\rho_{i\max} - \rho_{i\min}}{(\rho_{i\max} - m_i)(m_i - \rho_{i\min})}\Delta m_i \tag{2-13}$$

得到 ΔX_i 后便可得到下一代模型参数 $m^{(k+1)}$，由式(2-13)可以看出第 i 个网格模型参数被严格限制在 $\rho_{i\min} \sim \rho_{i\max}$ 之间，通过这种方式将不等式约束施加到反演方程中：

$$m_i^{(k+1)} = \frac{\rho_{i\max}\mathrm{e}^{\Delta X_i}(m_i^{(k)} - \rho_{i\min}) + \rho_{i\min}(\rho_{i\max} - m_i^{(k)})}{\mathrm{e}^{\Delta X_i}(m_i^{(k)} - \rho_{i\min}) + (\rho_{i\max} - m_i^{(k)})} \tag{2-14}$$

式中，$m_i^{(k+1)}$ 为第 $k+1$ 代的第 i 个模型参数。

2.6.2 三维电阻率反演流程

采用最小二乘法三维电阻率反演，具体如下。

(1) 首先设定网格电阻率的初值，一般设定为与观测数据背景值接近的均一初始模型。

(2) 通过数值正演得到相应的理论观测数据 d_m。

(3) 进行反演收敛判断，若理论观测数据与实际观测数据之间的误差满足收敛判据，将此时得到的模型参数作为反演结果输出；反之，进行下一步计算。

(4) 计算敏感度矩阵 A 和光滑度矩阵 C，求解反演方程，得到 ΔX。

(5) 计算得到新一代模型参数，执行第(2)步，进入下一循环。需要指出的是，反演收敛的判据为 rus<$\varepsilon_{\mathrm{inv}}$，其中 rus 为观测数据 d_{obs} 与正演理论值 d_m 之间的均方误差，$\varepsilon_{\mathrm{inv}}$ 为反演收敛的容许值。

$$\mathrm{rus} = \sqrt{\Delta d^T \Delta d / n} \tag{2-15}$$

2.6.3 三维电阻率反演计算效率改进

在整个反演流程中，最耗时的是敏感度矩阵 A 的计算和反演方程的求解，提高二者的求解速度对于优化三维电阻率反演的计算效率至关重要。因此提出了三维电阻率反演计算效率优化方案，在该方案中，Cholesky 分解法被用来求解敏感度矩阵计算中的多个点源场的正演问题,该方法只需对总体系数矩阵进行一次分解,然后对不同的右端向量进行回代即可;预条件共轭梯度法被引入到反演方程的求解中,将雅可比迭代中的对角阵作为预处理矩阵,具有求逆方便、无需内存空间的特点,有效地加快了收敛速度。需要说明的是,因为将雅可比迭代的块对角矩阵作为预条件矩阵,所以将其称为雅可比预条件共轭梯度法。

2.6.3.1 基于Cholesky分解算法的敏感度矩阵求取

敏感度矩阵 A 表示观测数据对模型参数的偏导数矩阵,即观测参数 ρ_{si} 随网格电阻率 ρ_j 的一次变化率为:

$$A_{ij} = \frac{\partial \rho_{si}}{\partial \rho_j} \quad (2-16)$$

采用电极互换定律法求解敏感度矩阵,该方法需要分别将每个测量点作为点电源,分别计算每个点源供电时的电场分布。也就是说,每求解一次敏感度矩阵,需要进行 n 次点源电场的正演。

三维点源电场有限元正演中的线性方程见式(2-2)。

对于一次敏感度矩阵求取过程中的 n 次点源三维场正演而言,K 保持不变,而右端向量随点源的变化而变化。对于大型线性方程组求解而言,JPCG算法的求解速度一般要远高于Cholesky分解法,但对于上述情况,Cholesky分解法往往优于JPCG算法。因为针对 n 次正演,Cholesky法只需对 K 进行一次分解,然后对不同的右端向量进行回代计算即可,而JPCG算法需要对每次正演的方程组进行单独求解,当 n 取值较大时,JPCG法的求解速度明显慢于Cholesky分解法。

为了对比Cholesky分解法和JPCG法在求解敏感度矩阵中的计算效率,假设模型单元数为43 600个,观测数据 $n=80$,进行80次三维点源场正演的耗时见表2-2,对于单个线性方程组(一次正演)JPCG法具有显著的速度优势,而对于较多点电源情况下的敏感度矩阵求解,Cholesky分解法具有较为明显的优势。因此本书采用Cholesky分解法来求解敏感度矩阵。

表2-2 各种计算方法所需内存及计算时间对比

方法	每次正演耗时/s	80次正演耗时/s
JPCG算法	31	2 480
Cholesky分解法	719	877

2.6.3.2 基于JPCG算法的反演方程求解

由表2-2可以看出,对于只有单个右端向量的线性方程组,JPCG算法的求解速度要远高于 Cholesky 分解法,因此本书采用 JPCG 算法求解反演方程(2-4)。JPCG 算法通过引入预条件矩阵 M,达到了降低系数矩阵条件数的目的,有效地加速了收敛。对于反演方程,具体的 JPCG 法求解流程如图 2-26 所示。

其中 B 为方程的右端向量;r 为方程的右端与方程左端的差向量;ε 为算法收敛的容许误差;z、p、α、β 为迭代过程的中间参数。

在 JPCG 算法迭代过程中,矩阵乘 $A^T A$,$C^T C$ 和方程组 $Mz^{(i+1)} = r^{(i+1)}$ 的求解是决定收敛速度的关键。

(1) 矩阵乘的处理。若直接计算 $A^T A$ 和 $C^T C$,耗时较长,内存空间消耗较大,因为 JPCG 算法只需要计算 $A^T A$ 或 $C^T C$ 与某个列向量的乘积,可利用矩阵乘的交换定律来计算:

$$A^T A b = A^T y_1, \quad C^T C b = C^T y_2 \tag{2-17}$$

式中,b 为一个列向量,$y_1 = Ab$,$y_2 = Cb$。其计算量比直接执行矩阵乘的运算大大减小。

(2) 预条件矩阵的选取。在 JPCG 算法中,解方程组 $Mz^{(i+1)} = r^{(i+1)}$ 是较

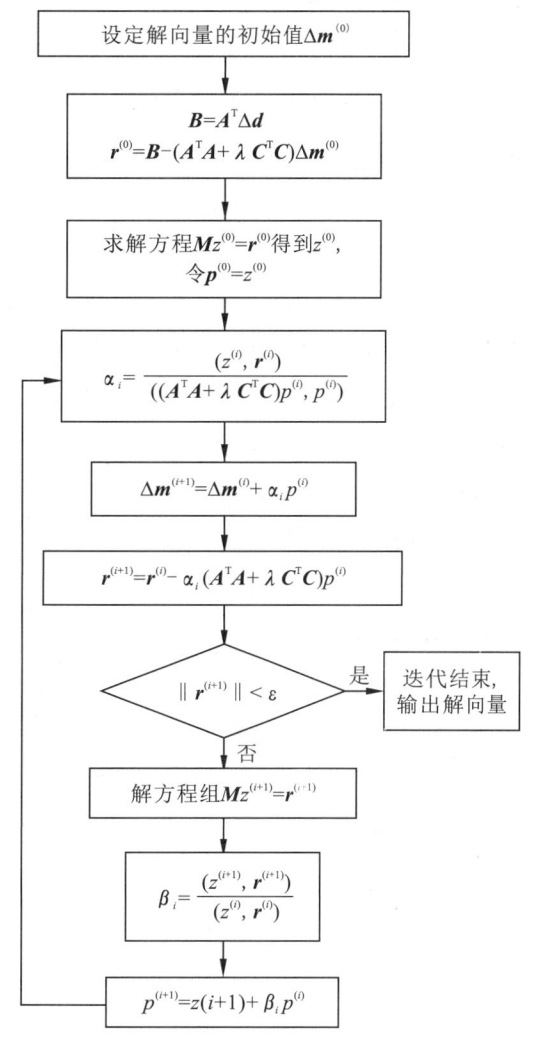

图 2-26 JPCG 算法流程

关键的步骤,本书采用雅可比迭代的块对角矩阵作为预处理矩阵。对于反演式(2-4),预条件矩阵的具体形式为:

$$\begin{cases} M(i,j) = \sum_{k=1}^{L} [A(i,k)^2 + \lambda C(i,k)^2], & i = j \\ M(i,j) = 0, & i \neq j \end{cases} \tag{2-18}$$

由于该预条件矩阵是对角矩阵,故求逆非常容易,大大提高了计算速度。

2.6.4 算　例

2.6.4.1 合成数据的反演算例

为了评价最小二乘法三维电阻率反演的效果,利用合成观测数据进行三维反演。原模型如图2-27所示,在均匀半空间中存在两个电阻率为$10\Omega \cdot m$的低阻体,围岩的电阻率为$300\Omega \cdot m$,其中低阻体一的顶部埋深为$2m$,低阻体二的顶部埋深为$6m$。采用施伦贝谢尔装置测量,共30根电极,电极间距为$2m$,共布置了5条测线(其中测线一位于$x=0$位置,其余测线之间的间距为$2m$)。利用5条测线的合成观测数据进行反演,经过对视电阻率剖面图的分析,对不等式约束进行了定义,因为观测数据中的视电阻率基本在$300\Omega \cdot m$。图2-28为施加不等式约束后的反演结果,可见两个低阻体在位置、规模、形状、电阻率值等特征方面均与原模型基本一致,将反演结果中电阻率低于$60\Omega \cdot m$的网格提取出来,发现提取出的常体与原模型中的低阻体全部一致。

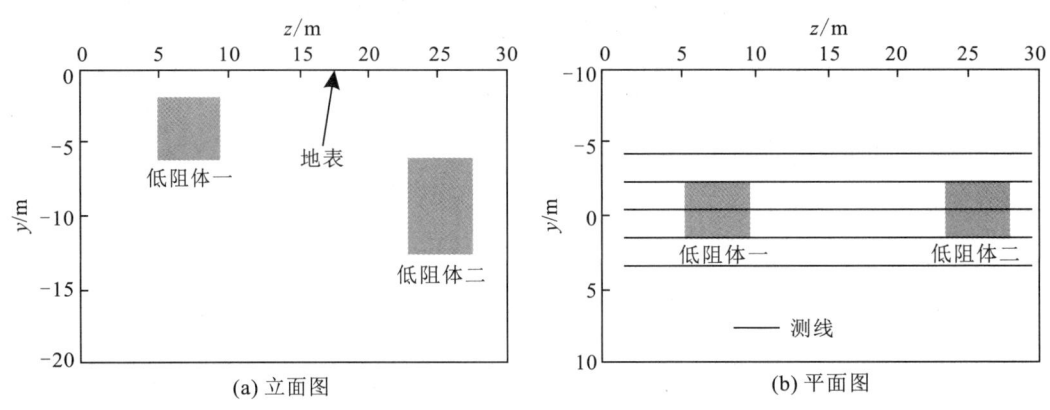

图2-27　模型示意图

为了对比验证,同时进行了传统的最小二乘反演,未施加不等式约束,反演结果如图2-29所示,可见反演效果明显降低,尤其对于低阻体二成像精度较低,成像效果较差。虽然本算例中在施加不等式约束时限定的电阻率变化范围较宽泛,但这种不等式约束对反演过程中搜索方向的引导作用非常明显,借助不等式约束和反演效率优化方案,最小二乘反演方法可得到较精确的反演结果,且反演计算速度也满足勘探工作的要求,因此将整个模型中网格的电阻率值上限设为$350\Omega \cdot m$(有一定的冗余),下限设为0。而在$5m<z<10m$与$22m<z<28m$范围内视电阻率数值稍低,基本在$240\Omega \cdot m$以内,因此将该范围内网格电阻率上限值设为$300\Omega \cdot m$,下限值设为0。建立三维模型,模型中分为目标区和非目标区。目标区是参与反演的区域,也是数据观测区域,网格的步长均匀,用均匀网格剖分;非目标区是边界区域,网格的步长倍增,以模拟无限远边界。该算例中目标区域的网格数量为$15 \times 15 \times 40 = 9\,000$个,模型的反演迭代次数为10次,耗时约

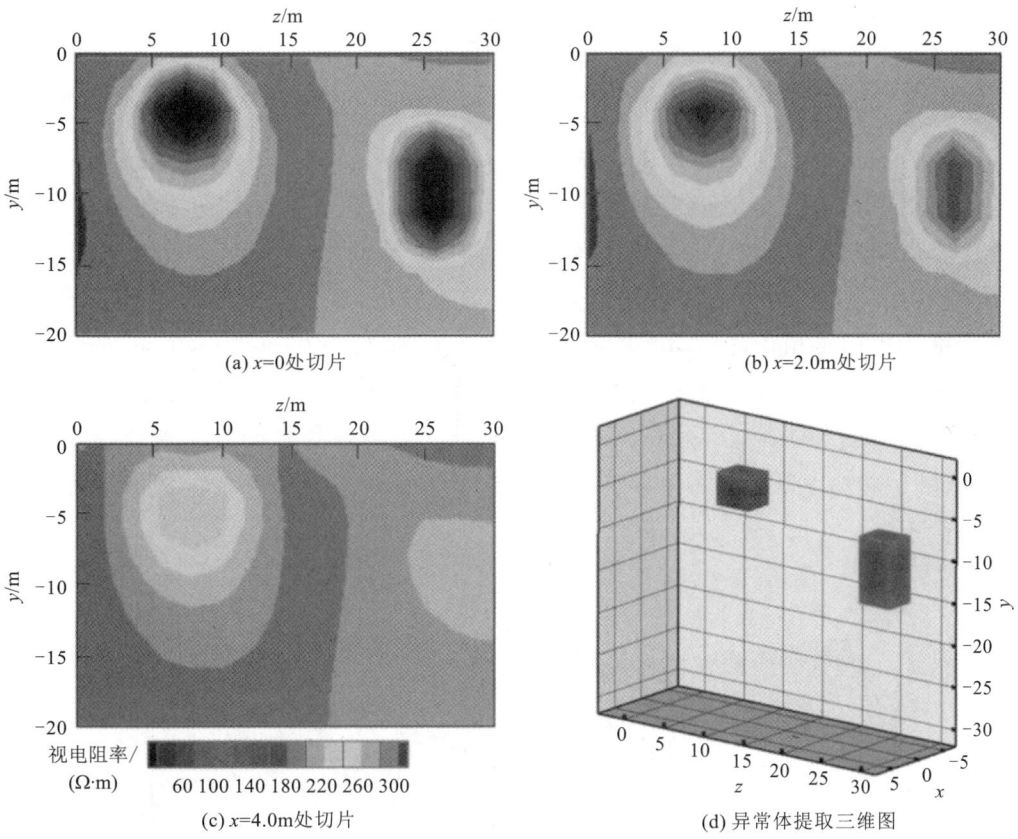

图 2-28 施加不等式约束后的反演结果

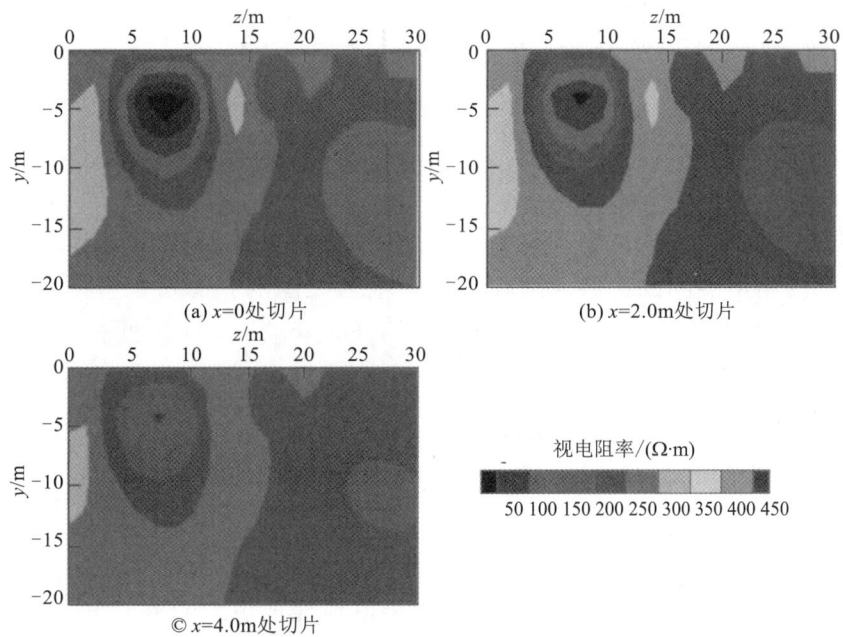

图 2-29 传统最小二乘法反演结果

160min(计算机配置为主频1.83GHz,内存1.0GB)。

2.6.4.2 试验数据反演

对试验数据进行了细致的分析,发现存在一个问题,那就是反演得到的裂隙分布与实际试验情况有所偏差。为了解决上述问题,采用基于不等式约束和光滑约束的最小二乘反演方法对试验数据进行反演计算,得到了突水灾害发生之前 02:35:47 时刻监测层的电阻率结构(图 2-30)。经过对视电阻率剖面图的分析,对不等式约束进行了设定,整个模型中网格的电阻率值上限为 400Ω·m,下限为 0,而在 0.25m<z<0.50m 与 0.6m<z<0.9m 范围的网格电阻率上限值为 800Ω·m,下限值为 0。三维反演模型在 x、y、z 方向上的网格数分别为 70×2×20=2 800 个,达到收敛所需的迭代次数为 7 次,总耗时为 520s(计算机主频为 1.83GHz,内存为 1.0GB),可见上述反演方法具有迭代次数少、收敛速度快的优点。

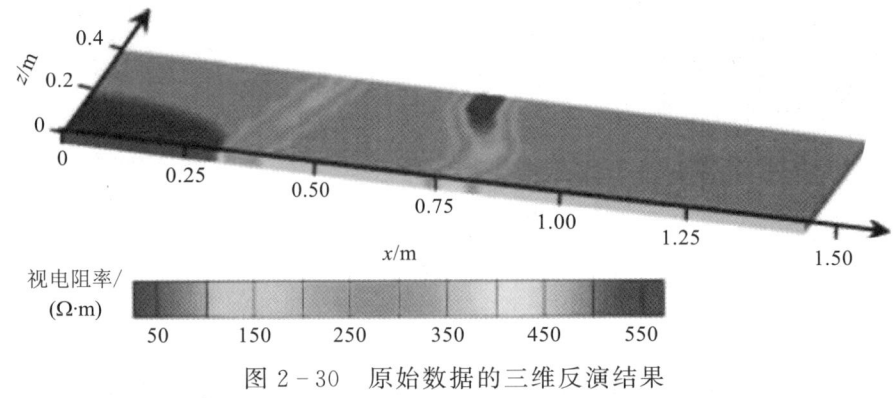

图 2-30 原始数据的三维反演结果

2.6.4.3 反演结果与实际情况对比

监测层电阻率结构图表明(图 2-31),在之前裂隙发展的基础上,中部的高阻裂隙几乎贯通,而左侧的高阻裂隙的扩展速度亦加快。根据裂隙的状态可以推断防突层将在短时间内于中部发生断裂坍塌。而试验过程中,防突层(含监测层)中部于 02:38 时刻发生断裂,最后防突层的左侧发生断裂,图 2-32 是防突层发生坍塌突水后的照片,可见中部和左部裂隙的位置与反演结果中的高阻裂隙的位置基本一致。与相应反演结果对比,可发现施加不等式约束后,反演结果更接近最优解,与实际情况基本一致,反演的多解性显著降低。

上述分析表明,以本书提出的三维电阻率反演方法为核心技术的电阻率层析成像监测系统,可将裂隙扩展、岩层破断等重要前兆过程以成像的方式直观形象地表达出来,有效地捕捉到突水前兆信息,为突涌水灾害的预测提供了重要的参考和指导。

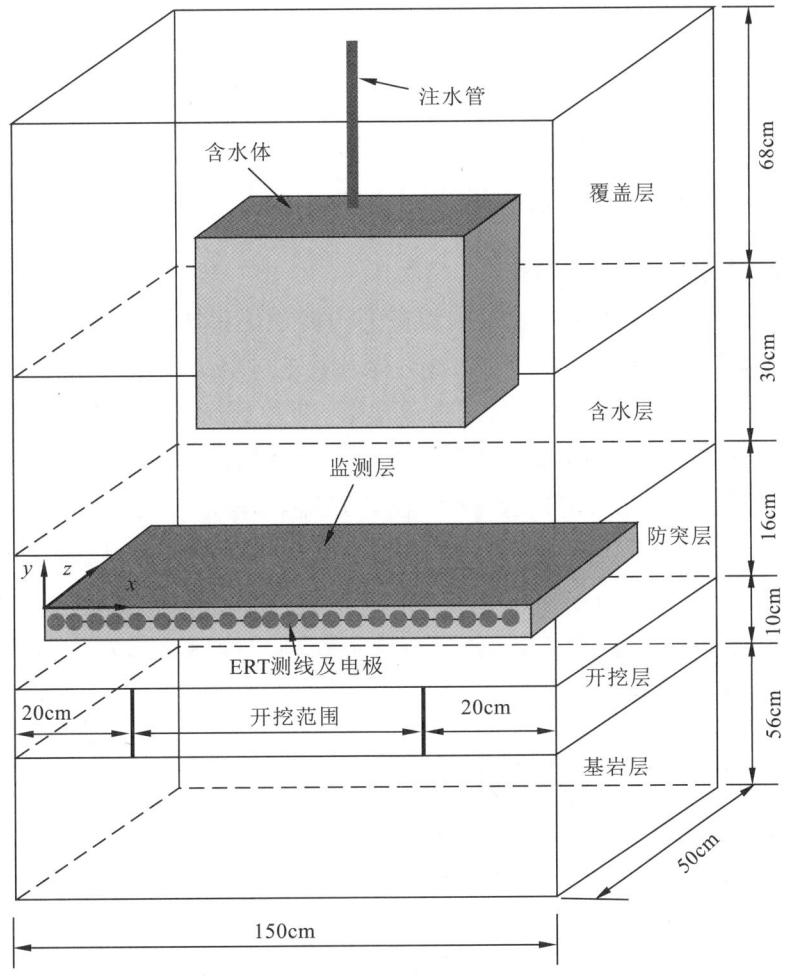

图 2-31 模型试验中岩层组成示意图

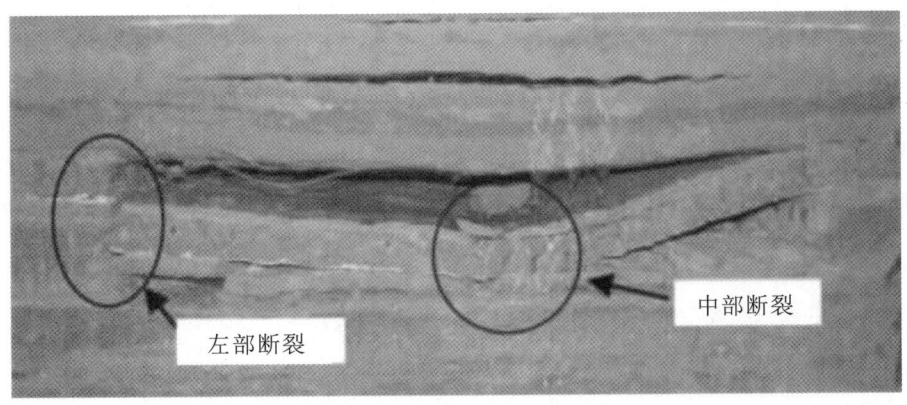

图 2-32 防突层断裂情况

2.7 工程应用

本书以京广高铁尖峰顶隧道预报实践为例。

2.7.1 工程概况与地质分析

尖峰顶隧道是武广客运专线重难点控制工程,地处广东省清远市,为一傍山隧道,全长1 417m,4.5‰的下坡。隧道所经过的地貌为山前顺层斜坡,岩层坡度约50°,倾向北东东,地面地形波状起伏,相对高差20～140m,隧道从进口至出口段埋深逐渐变浅。工程段属于软弱围岩,节理层面发育,加之南方雨水丰富,开挖后立即有水渗出,土体遇水软化,自稳能力差。如此大埋深、长距离的可溶岩地区的高速铁路隧道工程为国内外所罕见。

激发极化法预报工作在DK1037+694位置开展,本段落围岩岩性为中薄层泥质灰岩或黑色细晶大理岩,中薄层泥质灰岩,岩体属于中薄层结构。作为引水隧洞的施工辅助洞和地质探洞,辅助隧洞在施工至DK1037+878段落时发生集中涌水,稳定涌水量达2.7m³/s左右,并携带出大量泥沙。据此分析,隧道在预报段落具有发生涌水的风险,施工中极有可能揭露含水地质构造。

2.7.2 含水体三维成像与定位

本次探测在隧道底板布置了两条测线,位于底板左右侧各3m。对原始数据进行分析,发现数据上因测线附近电阻率不均匀造成的突变极值较少,故采用了数据圆滑处理技术,如图2-33所示。对光滑处理之后的数据进行最小二乘反演,模型在x、y、z方向上网格的数量为$20\times20\times90=36\ 000$个,规模为$600m\times600m\times750m$,隧道的断面尺寸为$12m\times8m$,共迭代8次达到收敛,耗时约120min。图2-34为掌子面前方三维电阻率反演成像结果,可看到在掌子面前方21～24m处存在相对低阻体,推断为含水体。

2.7.3 半衰时之差数据解释

只在右测线上采集了半衰时之差数据,图2-35为二电流激发极化半衰时之差数据,存在一个正值部分,初步推断该正值部分与图2-36所示的低阻部分为同一含水体的响应,因此推测掌子面前方DK1037+670～DK1037+673(即掌子面前方21～24m)范围内存在含水地质构造。

2.7.4 开挖结果

对预报段落的开挖揭露情况进行了全程跟踪和记录,在DK1037+671～DK1037+672位置揭露了一条较大规模的导水裂隙,涌水量达到500m³/h(图2-36)。可见,利用直流电阻率法和激发极化法对含水裂隙做出了准确的预报。

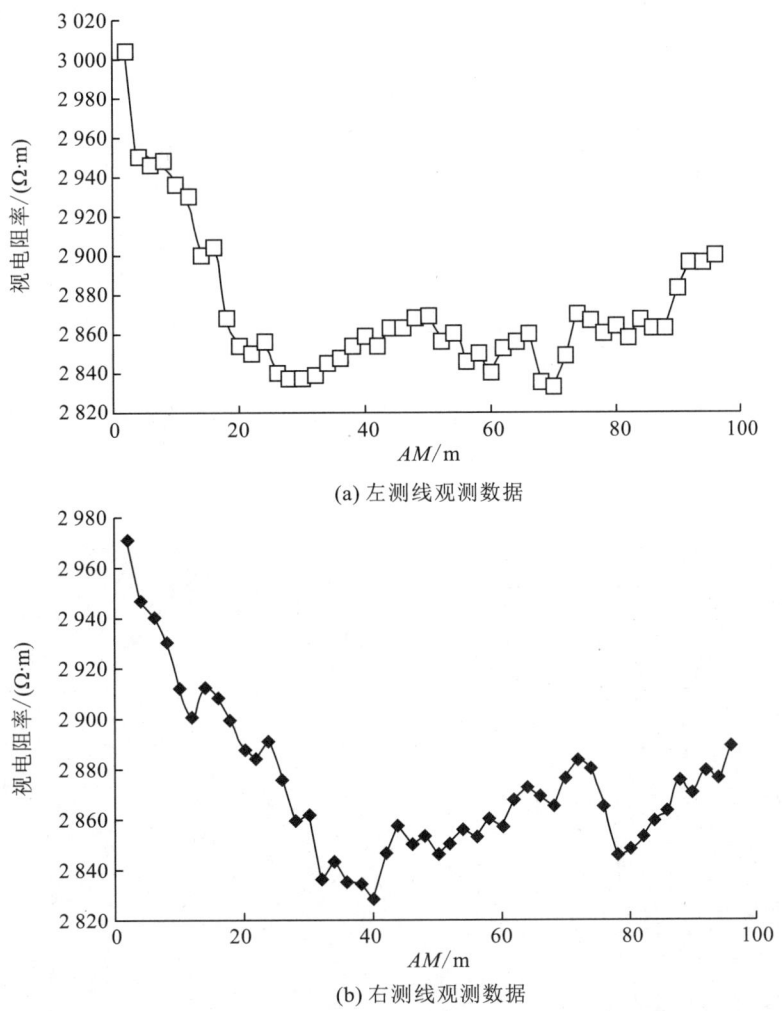

(a) 左测线观测数据

(b) 右测线观测数据

图 2-33 经过圆滑处理的视电阻率数据

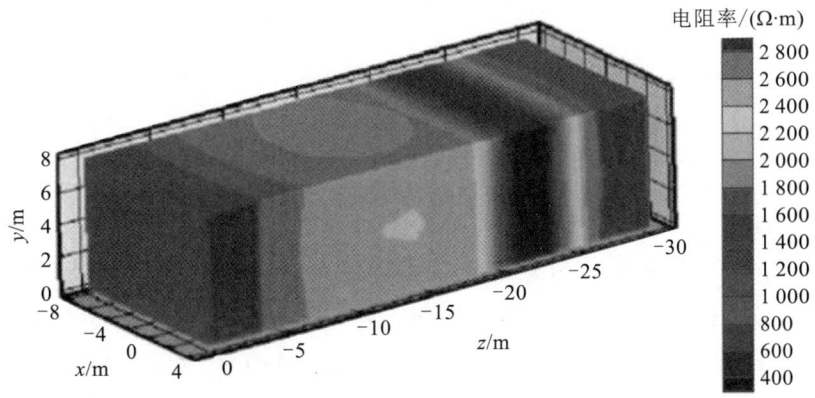

图 2-34 掌子面 DK1037+878 前方三维电阻率反演成像结果

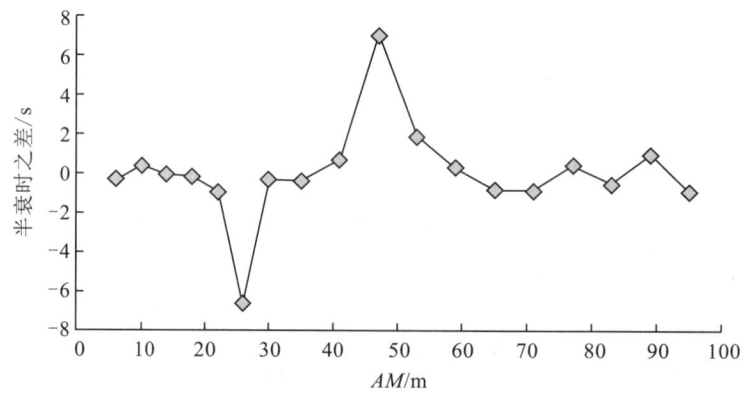

图 2-35 二电流激发极化半衰时之差数据

图 2-36 掌子面前方开挖结果

2.8 本章小结

以实现含水体的三维成像与水量预测为核心任务,解决了三维电阻率反演成像与计算效率优化方案、超前探测工作方式与干扰去除方法、专用仪器设备的开发、隧道三维全空间中水量与半衰时之差关系研究等一系列难题,形成了激发极化法隧道含水构造超前探测技术体系,在实际工程应用中效果良好,主要结论如下。

(1)针对含水体超前探测的定位难题,提出了基于三维电阻率反演方法的隧道含水地质构造超前探测三维成像与定位技术。数值试验与实际应用效果表明,该技术可实现断层、溶洞等含水地质构造的三维成像与定位,利用干扰识别与去除方法可有效地去除干扰影响并提取出有用信息,有效地改变了以往因缺乏地球物理反演技术的辅助而导致定位精度差的不利状况,为实际工程中掌子面前方含水地质构造的超前探测,提供了可行且有效的新途径。

(2)针对隧道超前地质预报中水量预测这一关键性难题,本书通过物理模型试验研究发现,半衰时之差法用于水量的估算具有良好的可行性,得到了半衰时之差与水量的相关关系呈线性正相关。基于二者之间的单调线性正相关关系,提出了适用于工程实际的半衰时之差法的隧道施工期含水构造水量估算方法。

(3)最终形成了基于激发极化法的隧道含水构造超前探测三维成像与水量预测综合技术体系,并将该技术体系应用于多个隧道工程的预报实践工作中,预报结果与实际开挖情况基本一致。该技术体系是对隧道含水体探查较有效的超前地质预报方法,具有重要的推广价值和良好的应用前景。

(4)激发极化法预报技术为隧道地质预报工作带来了应用性创新,一方面丰富和发展了现有的隧道超前地质预报技术,另一方面为实现水量半定量或定量预测提供了可行的途径,有效扩展了地质预报技术的应用功能(即可实现含水体的三维成像与水量大小判断),提高了地质预报技术服务工程实践的能力。

3 二电流激发极化法探测仪器系统

高精度、稳定性和易用性是系统设计的主要特点。在隧道施工现场存在很多干扰和噪声。例如,隧道岩体的自然电位,电力线引起的50Hz工频干扰,其他电器设备的电磁干扰,等等。因此,系统设计必须要保证在复杂的电磁环境下也能正常工作。当激发极化比较弱时,放电信号也比较弱,此时要保证采集信号有足够的放大增益;而当激发极化比较强时,放电信号比较强,此时要保证采集信号的测量范围足够大。为了满足现场使用和数据分析的需要,系统的灵活性也很重要。

本系统可以分为发射机和接收机两部分。发射机采用C8051F020作为MCU,接收机则采用PC+MCU的方式设计,下位机也采用C8051F020作为MCU,可以在单MCU和PC+MCU两种模式下工作。发射机和接收机之间的通信采用串口和同步信号完成,这样既能完成两部分之间的数据交换,又能保证系统的实时性。

3.1 C8051F020简介

C8051F020是CYGNAL公司生产的集成模拟、数字信号的混合信号系统级SOC(System On Chip)单片机,基于CIP-51微处理器内核设计,采用100脚TQFP封装。C8051F020具有以下特点。

(1)与8051完全兼容。C8051F020系列使用CYGNAL的专利CIP-51微控制内核,CIP-51与MCS-51指令集完全兼容,而且具有标准8052的所有外设部件,包括5个16位计数器/定时器、两个全双工UART、256B内部RAM、128B SFR地址空间以及8个字节宽的I/O端口等。

(2)指令运行速度快。CIP-51设法在保持CISC结构及指令系统不变的情况下,对指令运行实行流水作业,废除了机器周期的概念,指令以时钟周期为运行单位。对于CIP-51内核,70%指令的执行时间为1~2个系统的时钟周期,从而大大提高了指令运行速度。CIP-51工作在最大系统时钟频率25MHz时,它的峰值速度可以达到25MIPS。

(3)片内外设丰富。C8051F020是一种混合信号系统级单片机,片内同时集成了众多的模拟外设和数字外设。两个ADC(12位和8位),每个ADC通过模拟多路输入(AMUX)开关获得模拟输入。通过编程可以选择8个外部测量通道和一个内部温度传感器通道任何一个作为模拟输入,从而实现8个外部信号的AD变换和芯片内部温度的测量,还包括两个 12 位的 DAC、两个比较器、VDD 电压监视器等模拟外设。数字外设包括 8 个字节宽的端口,可同时使用 SMBus、SPI 及两个串口,可编程的 16 位 PCA(可编程计数器阵列)和 5 个捕捉/比较模块、5 个通用 16 位计数器/定时器、专用看门狗和双向复位引脚等。此外,片内还有 4 352B 的内部 RAM、64KB 的内部 FLASH 以及外部 64KB 数据存储器接口。丰富的片内外设和外部接口增强了芯片的功能,使得系统的硬件和软件设计更加方便。

3.2　发射机

发射机的主要功能是输出一个可调幅度、可调占空比、可调发射时间的恒流脉冲信号。为了保证含水体能够进行充分的激发极化,要求恒流脉冲具有足够的幅度和输出功率。发射机系统结构框图如图 3-1 所示。

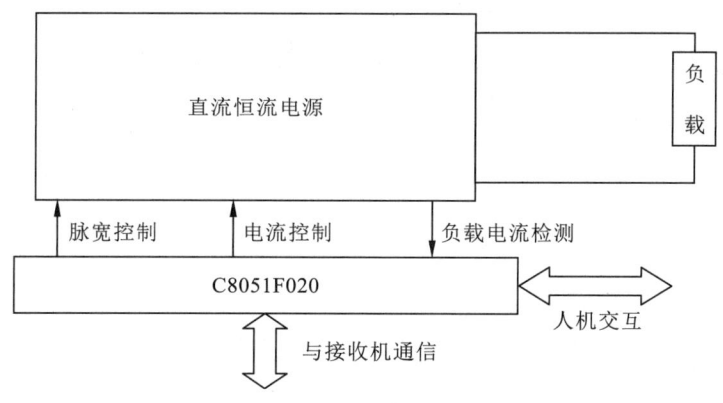

图 3-1　发射机系统结构框图

3.2.1　直流恒流电源设计

直流恒流电源由电池组供电,采用隔离逆变设计,对电流源输出进行霍尔检测,检测结果反馈控制逆变电路,最终达到恒流输出的目的。设计方案如图 3-2 所示。

通过逆变启动电路可以控制逆变电路的启停,从而控制恒流电源的启停以及恒流脉冲的占空比;根据比较结果控制逆变电路的工作,最终实现霍尔检测结果和外部电流控制量相等,从而使恒流电源输出与外部电流控制量相等的电流。

3.2.2　单片机控制模块

发射机控制部分用 C8051F020 作为 MCU,实现对输出脉冲幅度、占空比和发射时间的控制。此外,还负责人机之间的交互(键盘输入、显示输出)、与接收机之间的通信(同步输出、数据交换),实现框图如图 3-3 所示。

单片机控制模块可以设定并显示直流恒流电源模块的工作参数。例如,电流大小、脉

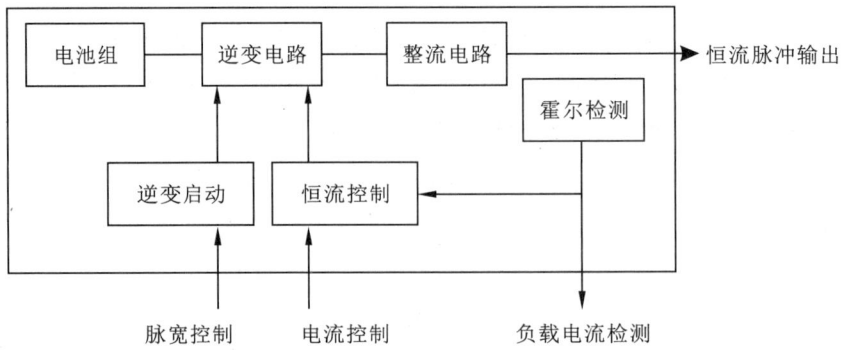

图 3-2　直流恒流电源设计方案

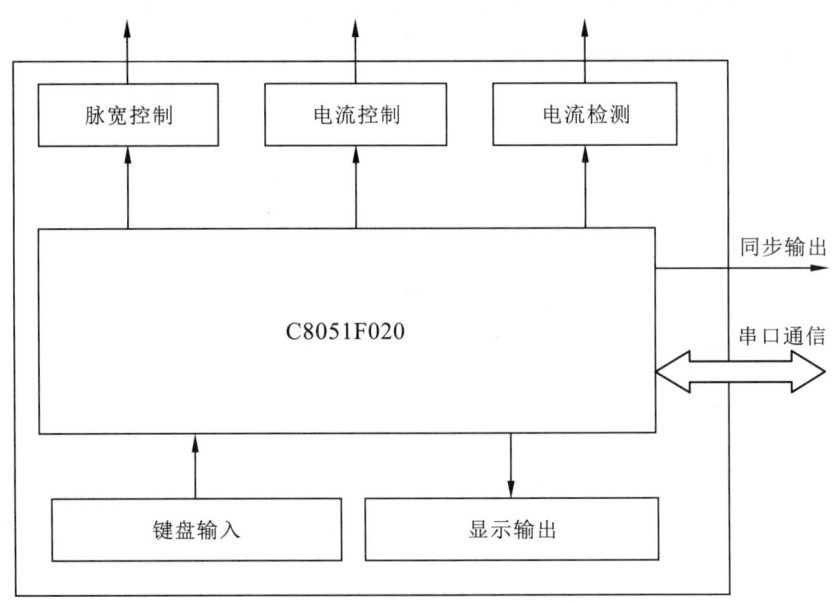

图 3-3　发射机单片机控制模块框图

冲的占空比以及放电时间,并控制直流恒流电源模块的工作,还可以显示实际输出的电流值。

发射机和接收机之间的通信包括两部分:串口通信和同步信号。非实时性的数据交换工作通过 RS485 完成,实现命令控制字、设定参数和接地电阻的传送,而对实时性要求较高的同步信号通过 I/O 口直接传送。例如,接收机必须要快速准确地捕获到发射机开始工作的时刻,以保证收发之间的同步,两者之间的时间差将会影响测量结果,因此发射机的工作状态要通过同步信号输出通知接收机。

3.2.3 测量接地电阻

接地电阻是指发射机两电极之间的电阻,也就是直流恒流电源的负载,由发射机测量完成并传送给接收机。由于受技术水平的限制,接地电阻必须在一定范围内,才能保证发射机正常工作。由于受发射机直流恒流电源最大输出功率的限制,当接地电阻过大时,如果设定电流较大、输出功率也达到最大输出功率时,恒流电源就会进入保护状态而停止工作。由于受直流恒流源线性工作范围的限制,当接地电阻过小时,就会进入直流恒流电源的非线性工作状态,从而使输出电流出现偏差。所以,探测系统开始工作前必须要先测量接地电阻,并采取相应的措施使之处于正常工作范围内(图 3-4)。

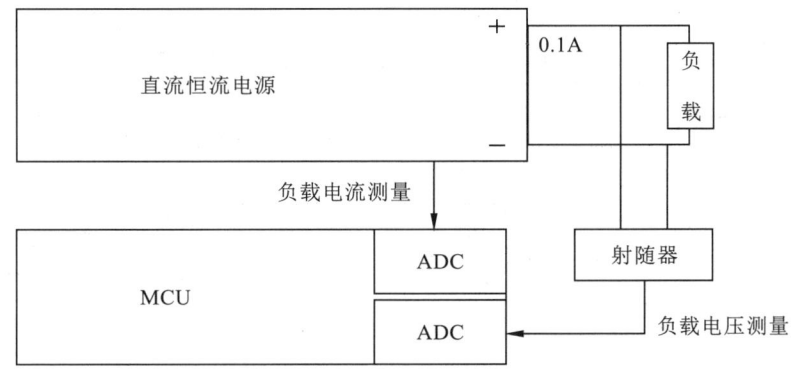

图 3-4 接地电阻测量电路

测量电阻时,首先利用直流恒流电流源输出一个较小的恒定电流,然后通过 ADC 测量负载两端的电压,电压测量结果除以电流的霍尔检测结果,即可得到接地电阻值。

3.3 接收机

接收机的主要作用是电压信号的采集、去噪、保存和读取、曲线绘制以及二电流激发极化法参数的计算。为了满足现场使用和科研需要,接收机系统设计成两种工作模式,在单 MCU 模式和 PC+MCU 模式。单 MCU 模式下,接收机工作在单 MCU 状态下,主要完成极化补偿、信号采集、原始数据保存和读取及参数计算。在这种模式下,接收机的体积小,功耗低,保存的原始数据便于以后的研究。在 PC+MCU 模式下,接收机采用上位机和下位机协调工作的方式,下位机基于 C8051F020 芯片,主要完成极化补偿、信号采集,并通过串口传送给上位机;上位机对接收的数据进行去噪处理、绘制曲线、计算参数以及数据存取,另外在 PC+MCU 模式下,将数据采集部分和数据处理部分分开,提高了数据采集的实时性和数据处理的速度,还可提供清晰的电压曲线和精确的二电流激发极化法参数,而且提高了系统的灵活性、可扩展性。

3.3.1 单 MCU 模式

接收机上电后默认进入单 MCU 模式,该模式下可以完成测量电极之间电压的采集、极化补偿,可以配合发射机完成接地电阻测量和二电流激发极化半衰时之差测量,并将数据结果显示和保存。接收机单 MCU 模式下接收机设计框图如图 3-5 所示。

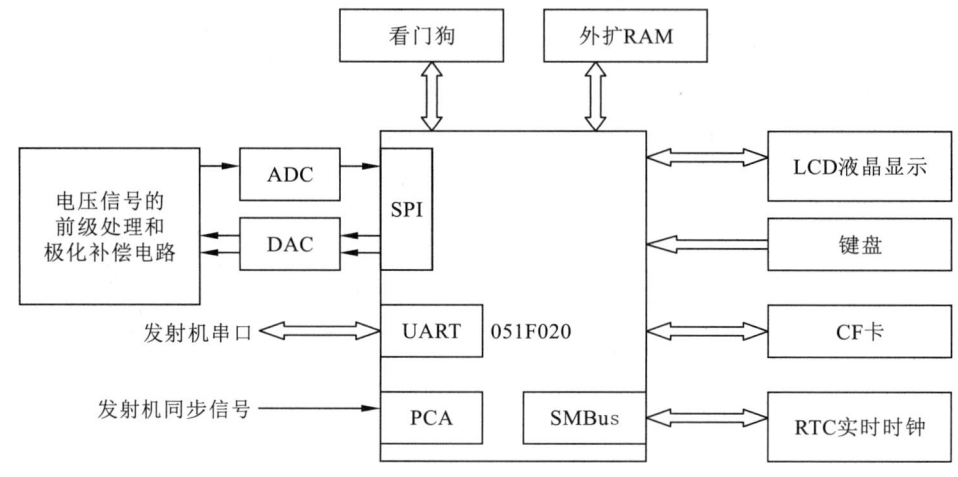

图 3-5 接收机单 MCU 模式下位机设计框图

电压信号采集电路完成电压信号的输入、陷波、低通滤波和自适应的增益信号放大,然后通过 AD 转换和简单的数字去噪处理完成信号采集。这里为了提高采样速率和采样精度,采用单独的 ADC 和 DAC 芯片负责 AD 和 DA 转换,C8051F020 通过 SPI 接口(串行外设接口)与 ADC 和 DAC 芯片通信,完成芯片配置和 AD 转换、DA 转换;极化补偿电路和信号采集电路配合,完成自然电位的补偿,去除这些极化干扰,这里采用两级极化补偿技术,提高了补偿精度;UART 串口用于和发射机之间通信,完成数据交换和命令传达;用 PCA(可编程计数器阵列)中的捕捉/比较模块,捕获收发机之间的同步信号上升沿、下降沿,并设置捕获中断,有效地缩短了接收机响应时间,保证收发机工作状态的同步;RTC 实时时钟作为系统时钟,用来记录每一次测量过程的时间、记录每一次采样的时刻,以便于保存数据和计算参数,C8051F020 通过 SMBus 接口与 RTC 实时时钟模块通信;键盘是人机交互的标准输入,用来控制系统运行状态、调整时钟等;(LCD 模块选用 ACM240128ALCD 屏)LCD 是人机交互的标准输出,用来显示当前时间、系统运行状态、当前采样值,并在测量完成时显示测量结果等;在 CF 卡上建立了 FAT 文件系统,通过两层驱动实现 C8051F020 对 CF 卡上 FAT 文件系统的访问,用来存储采样数据、计算结果和系统配置等信息,这样可以很方便地在电脑上读取和修改 CF 卡里的文件。

通过片内外设,例如,SPI、UART、SMBus 等,连接的模块通过配置 C8051F020 内部的交叉开关占据 8 个端口中的低端口(P0、P1 等),外扩 RAM、CF 卡和 LCD 显示器则是通过高端口(P4、P5、P6、P7)以外部存储空间的形式统一编址通过总线方式访问。硬件连接电路如图3-6所示。

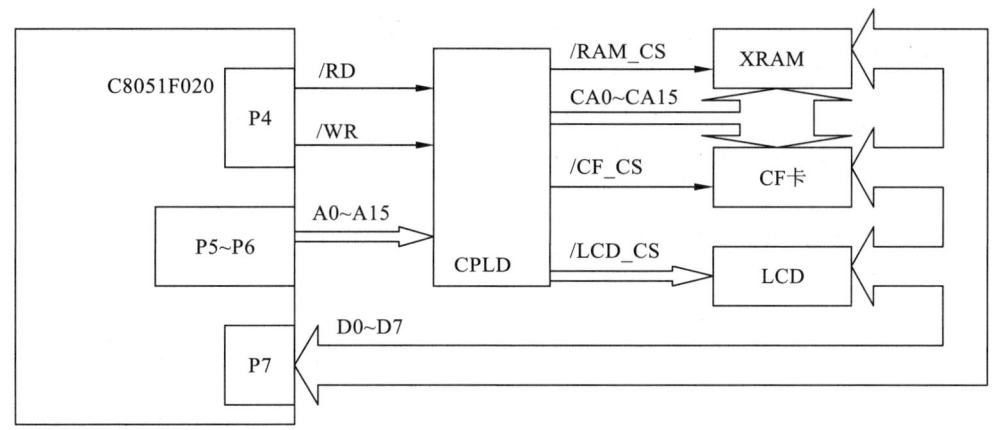

图3-6 接收机单MCU模式下位机总线访问电路

在外部地址空间中,XRAM占据0x0000～0xDFFB的寻址空间,用于存放计算中使用变量和充当缓冲区等;LCD显示模块占据0xDFFC～0xDFFF之间的4B地址空间,其中0xDFFF和0xDFFE分别为上下半屏的指令空间,0xDFFC～0xDFFD为预留空间;CF卡存储模块占据0xE000～0xFFFF之间的8KB寻址空间。

3.3.2 PC+MCU模式

接收机上电后,通过上位机操作界面打开与下位机之间的通信端口,则会使接收机进入PC+MCU模式。该模式下上位机和下位机协调工作,人机交互和采集数据的处理由上位机完成。接收机PC+MCU模式下位机设计框图如图3-7所示。

这种模式下,下位机屏蔽了LCD刷新、键盘扫描、RTC实时时钟和CF卡的存入功能,以提高运行效率。将下位机的功能简化为:采集电压信号、完成极化补偿、与发射机通信以完成测量过程、与上位机通信以完成命令传送和数据交换。

上位机作为主控模块,提供控制界面向下位机传达控制命令字,并对下位机采集到的数据进行后续处理。采用这种PC+MCU的工作模式,可以充分地利用PC机强大的计算能力和图形显示功能,进行高级的数字信号处理,实时绘制采样曲线,方便进行数据、曲线的存取,提高了系统的抗噪性、稳定性和使用灵活性。考虑到界面的友好性,上位机程序采用VB编写。小波变换去噪技术是一种灵活的数字信号去噪方法,能够同时兼顾信号的时域分辨率和频域分辨率,通过在matlab中的仿真,上位机的数据去噪处理采用小波变换去噪技术,并且利用matrixvb提供的函数库,在VB中实现了信号小波变换,这样可以脱离matlab运行环境,实现小波变换去噪。

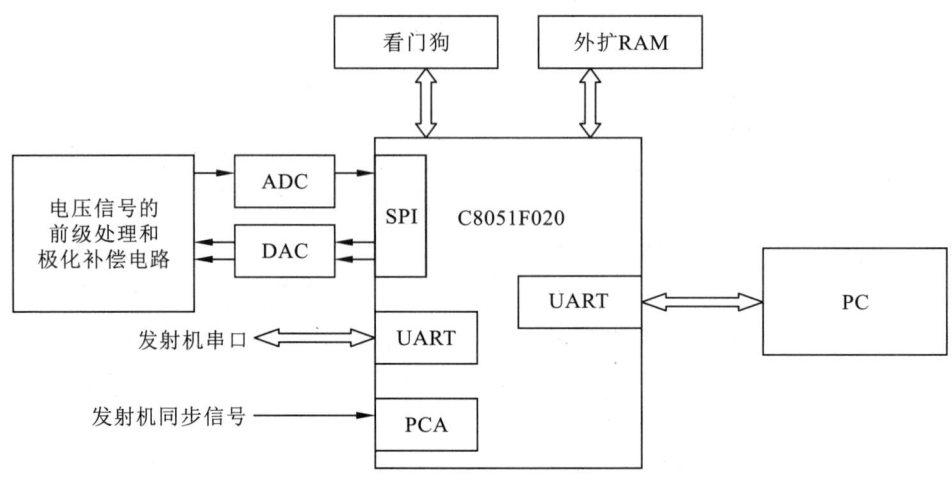

图 3-7　接收机 PC+MCU 模式下位机设计框图

3.4　本章小结

二电流激发极化法探测仪器系统可以分为发射机和接收机两部分。发射机采用 C8051F020 作为 MCU；接收机则采用 PC+MCU 的方式设计，下位机也采用 C8051F020 作为 MCU，可以在单 MCU 和 PC+MCU 两种模式下工作。发射机和接收机之间的通信采用串口和同步信号完成，这样既能完成两部分之间的数据交换，又能保证系统的实时性。PC+MCU 模式下，将数据采集部分和数据处理部分分开，提高了数据采集的实时性和数据处理的速度，还可提供清晰的电压曲线和精确的二电流激发极化法参数，而且提高了系统的灵活性、可扩展性。

4 大电流脉动恒流供电优化技术

4.1 信号采集

隧道中环境比较复杂,所以对探测系统信号采集的要求较高。由于岩体的导电性能较差,距离供电电极较远的测量点电流密度较小、场强较弱,因此采集到的电压信号也比较弱,需要对其进行足够倍数的放大;距离供电电极较近的测量点场强较强,采集电压比较大,此时又需要保证接收机有足够的采集量程。

隧道施工现场存在动力电缆线,还有很多其他施工机械设备,电磁环境比较复杂,因此要求信号采集模块有较强的抗电磁干扰能力。信号采集模块结构设计如图4-1所示。

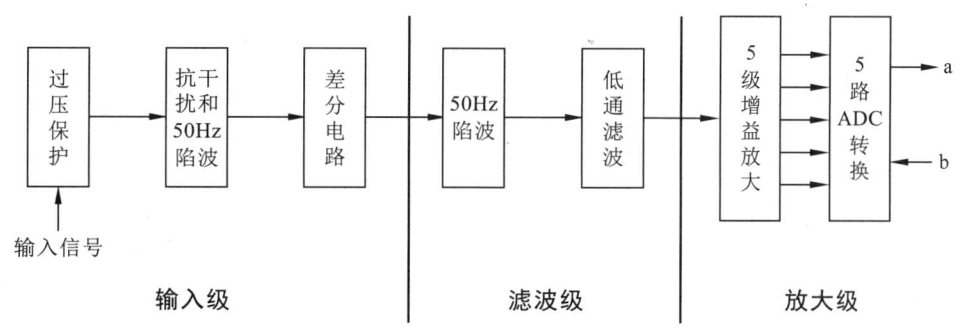

图 4-1 信号采集电路框图

4.1.1 输入信号的前级处理

输入信号的前级处理主要用于去噪和放大,分为输入级、滤波级和放大级3部分,各级之间采用直流耦合的方式相连。

隧道施工现场电磁环境复杂,信号采集电路必须要经过强烈能量的考验,因此要设计过压保护功能。为防止瞬态差模信号过大,采用陶瓷气体放电管2RL070M-5,防雷保护设备中应用最广泛的开关器件,浪涌电流大,极间电容低,可达到1pF,绝缘阻值可达10G。为防止瞬态共模信号过大,两个信号输入端与地之间添加一个TVS瞬态抑制二极管,这里采用P6KE15CA。

50Hz工频信号是最大的干扰信号源,为此采用了两级50Hz陷波,每级衰减不小于-40dB。这样既可以防止差分放大器出现饱和,又能达到至少-80dB的衰减。此外,滤波级中的低通滤波器的截止频率小于50Hz,所以工频干扰的抑制远远大于-82dB。

差分电路采用高输入阻抗、低偏置电流的仪用放大器,能够很好地滤除信号中的共模干扰,还能结合极化补偿电路完成调零。低通滤波器采用8阶巴特沃兹低通滤波器,截止频率为20Hz,增益为1,衰减量为-40dB,再加上输入级中的对射频进行抑制的滤波电路,可以有效地滤除输入信号中的高频干扰,稳定检测信号的零点,提高检测系统的精度。

输入信号可以是双极性的,因此电路中的多级增益放大电路和多路ADC变换芯片都是双极性的,图4-1中信号a是经过放大后的双极性电压信号。这里ADC芯片选用双极性12bit、串行配置通道的AD7328,8个模拟输入通道、1MSPS的传送速率和最大±10V的电压转换范围,足以满足测量要求。图4-1中信号b是ADC芯片串行配置通道,用来访问芯片的寄存器,完成选择量程和切换通道等操作。为了对微弱信号进行更好的放大,采用了5级放大电路,每级放大20dB,总增益可以达到80dB,每级放大电路的输出都送入了ADC芯片的模拟输入端口,由程序控制选择采用哪个模拟通道进行AD转换。ADC芯片采用AD7328,有8个模拟输入通道,可以通过软件选择输入信号的电压范围,并完成带符号的12位AD变换。最后将放大后的信号送入内置外设SPI送给C8051F020。

4.1.2 自适应增益放大

4.1.2.1 放大电路设计

当激发极化效应比较弱时,放电过程中的电压信号很小,必须要保证采集信号有足够的放大增益;而在供电过程中,电压信号比较大,如果此时采集信号的放大增益还是很大,那么AD模块的输入就会超过它的量程,不能够正常地完成信号采集。被测信号的幅度从几十微伏到几伏,跨度范围达到80dB(10 000倍),采用$26\frac{1}{2}$位分辨率的ADC才能满足测量精度的要求。这种高分辨率的ADC转换器的成本很高且不易采购。同时,若采用按照量程切换放大器的反馈回路调整增益的方法时,会出现不同增益挡位切换时在电路中产生脉冲阶跃,造成电路需要较长时间才能稳定的情况,影响了采样的准确性和实时性。因此必须要设计一个稳定的可变增益的放大电路,有两种设计方案:级联式放大电路和并联式放大电路,如图4-2所示。

通过试验发现级联式放大电路效果不好,尤其是对小信号的放大偏差较大且不稳定。观察级联式放大电路的结构可以发现,后一级放大电路的输入是前一级放大电路的输出,这样前一级电路的增益偏差会和后一级电路的增益偏差叠加,当对小信号进行放大时,会经过多级放大电路,因此对小信号的放大偏差较大。而且,级联式放大电路中,前几级电

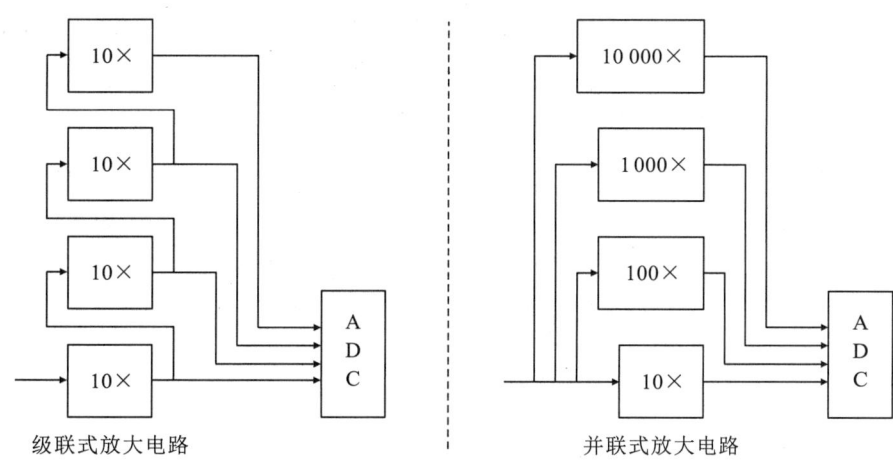

图 4-2 两种放大电路连接方式

路中引入的噪声也会在后级电路中被放大,使得采集信号不稳定,增加了去噪难度。此外,级联式放大电路响应时间比较长,因为前一级的放大电路延时也会在后一级上叠加,这样当输入信号发生变化时,经过较长时间放大信号才能稳定下来,才能进行正常采样。采用并联式放大电路可以减小甚至避免这些不利因素,提高放大电路的增益精度,抑制噪声的引入,提高电路的响应速度。

因此,这里采用并联式放大电路,按照 0dB、20dB、40dB、60dB、80dB 设置的 5 路放大器同时并行工作,再通过模拟开关选择输出,这样克服了级联式放大电路的缺点,电路的稳定性大大改善,不会出现脉冲阶跃在放大器中产生阻尼振荡现象。

4.1.2.2 放大增益自适应选择

AD7328 是 12 位的模数转换芯片,只能达到 ±2.44mV~±10V 的测量范围,根本达不到对信号采集精度的要求。为了扩大采样范围,我们采用可变增益放大电路,并由程序控制选择采用哪一级的放大信号作为输入,从而使理论精度可以达到 $0.06\mu V$。为了充分提高每个档位的测量精度,将各个档位的测量范围划分如表 4-1 所示。

表 4-1 档位及其测量范围

输入信号绝对值范围	放大倍数	增益/dB
1~10V	1	0
100mV~1V	10	20
10~100mV	100	40
1~10mV	1 000	60
0~1mV	10 000	80

每次采样时判断当前档位是否合适,如果不合适则切换档位并立即启动下一次 AD 转换,直至得到合适的采样值。每个档位的采样分辨率都是 1/4 096,电压分辨率为当前档位最大量程的 1/4 096。如果采样值合适,则将结果调整后写入采样缓冲区,调整后的信号格式如图 4-3 所示。

增益 (3)	极性 (1)	数据 高 4 位	数据 低 8 位

图 4-3 信号编码格式

其中,低 13 为采样数据的符号和绝对值;高 3 位是增益位,可以有 8 种编码方式,用其中的 0~4 分别表示 5 个档位,其余的 3 种编码可以作为消息信号,用于和上位机之间的通信。

4.2 系统实时性

系统的实时性是衡量探测仪器性能的重要指标,也是本系统设计的一个重点。采用高性能的专用芯片可以提高数据处理速度;采用中断触发方式,而不是查询方式可以提高事件响应速度;对实时性要求较高的事件,赋予较高的中断优先级,可以改善系统的整体实时性。

4.2.1 发射机实时性

发射机设计系统中需要通过中断处理的事务包括电流脉冲的发射时间,电流脉冲的高电平持续时间,串口通信、实际输出电流霍尔检测结果的 AD 转换,数据显示的刷新等。其中,对实时性要求较高的是电流脉冲的发射时间和电流脉冲的高电平持续时间,相对来说串口通信和显示刷新对实时性的要求没有那么高。因此,这里开启了两个定时器中断:定时器 0 和定时器 2,并将发射时间计数和高电平持续时间放在优先级最高的定时器 0 中,将数据的显示刷新和其他用到定时器的功能模块放在优先级较低的定时器 2 中。这样,串口通信、电流检测、显示刷新等功能不会影响电流脉冲的发射,可以提高发射电流脉冲的时间精度,又不影响系统的使用。

发射机与接收机之间的通信主要是通过串口完成。例如,发射机配置信息的传送等。当串口通信量比较大时,串口通信缓冲区可能会出现"排队"现象,从而影响了通信的实时性。然而,发射机的工作状态要通知给接收机,而且它对实时性的要求很高,否则发射机和接收机工作状态之间的时间差将直接影响测量结果。为了解决这个问题,在发射机和接收机之间开辟了一条同步信号线,通过信号的高低电平通知将发射机的工作状态通知给接收机。当发射机开始发射和发射结束时,分别通过 I/O 口将工作状态的改变直接反映在同步信号电平的高低变化上,提高发射机和接收机工作状态同步的实时性。

4.2.2 接收机实时性

接收机的功能较多,当工作在 PC+MCU 模式时,对下位机的实时性要求较高。例如,信号采集时间精度、与发射机之间的通信、与上位机之间的数据传送等。因此,接收机采取了多种措施来提高系统的实时性。

4.2.2.1 使用捕捉/比较模块

接收机和发射机工作状态的传递通过同步信号线完成,发射机工作状态的改变将反映在同步信号高低电平的变化上。接收机可以通过查询该信号电平的方式查询发射机的工作状态,但是这种时间触发的模式将降低通信的实时性。因此,采用事件触发的方式,也就是设置中断,这样发射机工作状态的变化将直接触发接收机程序的进入中断。如果采用外部中断源,可以将其配置为低电平触发或者下降沿触发,但是这样只能捕捉到发射机工作状态的一种变化,而不能捕捉到上升沿变化。

C8051F020 芯片内部有一个 PCA(可编程计数器阵列),内含 5 个捕捉/比较模块,可以配置成边沿触发捕捉模式,还能改变边沿触发的方式。因此,可以利用该模块捕捉发射机两种工作状态变化,如图 4-4 所示。

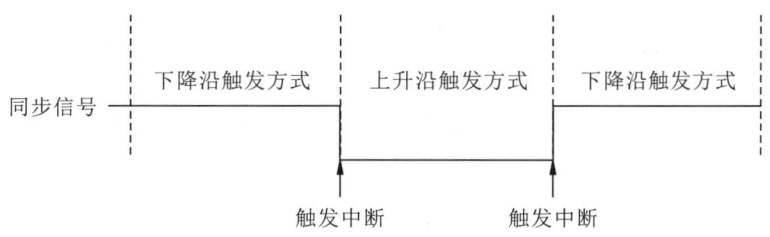

图 4-4 捕捉模块工作方式

当同步信号为高电平时,配置捕捉/比较模块为下降沿触发方式;当发射机工作状态改变时,同步信号变为低电平,并触发接收机的 PCA 中断,此时在中断服务程序中进行接收机工作状态的切换,并将捕捉/比较模块配置成上升沿触发方式;当发射机工作状态再次改变时,同步信号又变为高电平,并再次触发接收机的 PCA 中断,进入中断服务程序。如此处理就能够以中断方式捕捉到接收机工作状态的两种变化。

4.2.2.2 数据流的全中断传送机制

数据的采集、传送是接收机下位机最基本的功能,对实时性的要求很高,采集信号的时间偏差将导致测量结果产生误差。主程序运行过程中,随时都有可能被中断干扰,因此数据的采集、传送等对实时性要求较高的功能不能放在主程序中实现。因此,可以将软件设计分为3层,如图4-5所示。

其中,设备驱动层完成两部分的功能:一是系统启动代码,也就是 bootloader 部分。对51单片机而言,bootloader 比较简单,主要完成简单的初始化即可。二是完成设备驱动程序,包括 I2C、SPI、RTC4553、CF 卡、LCD 等,需要编写相应的驱动程序。

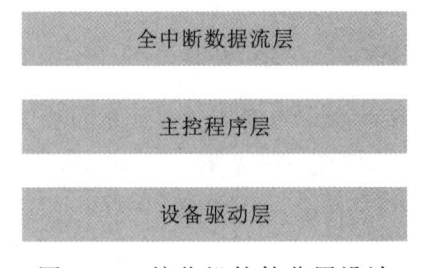

图 4-5 接收机软件分层设计

主控程序层是核心控制层,完成所有的控制功能。由于系统的初始化和设备驱动在设备驱动层已经完成,所以在该层要着眼于利用设备驱动层提供的编程接口来完成复杂的控制功能。一些实时性要求不高的功能,基于以上两层即可完成。例如,键盘扫描、LCD 显示屏的刷新等。

全中断数据流层,是基于本项目对数据流实时性的考虑而单独划分出来的,如图4-6所示。

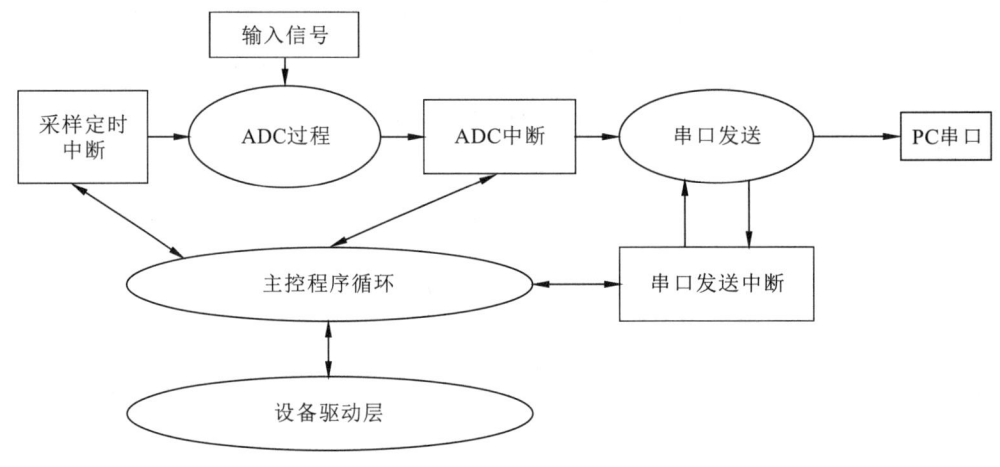

图 4-6 下位机采集信号数据流

采样间隔到来时会触发采样定时中断,在其中断服务程序中触发输入信号的 AD 转换过程;AD 转换完成时,自动触发 ADC 中断,在其中断服务程序中将 AD 转换结果放入串口发送缓冲区,然后查询串口状态并触发串口发送过程;一次串口发送完成后,自动触发串口发送中断,在其中断服务程序中查询串口发送缓冲区,如果有待发送数据则触发下一次串口发送过程。串口通过 RS232 将采集数据传送给上位机,这样就完成了数据的采集、传送过程。正常工作情况下,该过程不受主控程序的影响,即使主控程序陷入死循环,数据流的全中断机制也能保证数据的正常采集和传送。全中断数据流层与主控程序层之间的通信通过相应的标志位和共享数据变量完成,这样主控程序层可以通过标志位控制数据流各个环节的工作,还能够访问数据流中各个环节的数据,便于数据的计算、显示和存储。

4.3 数据在 CF 卡中的文件存取

单 MCU 模式下,接收机系统中没有上位机,而采集的数据又需要保存起来以备后续处理。这里采用 CF 卡作为存储设备,为了便于数据读取,在 CF 卡上建立了 FAT 文件系统,采集数据以文件的形式存储在 CF 卡中。这样 CF 卡中数据的读取就可以脱离本系统,通过读卡器就可以方便地从电脑上读出。

4.3.1 FAT 文件系统

为了便于磁盘上数据的管理,现代操作系统以文件的形式组织磁盘上的数据。这样即使磁盘上的非连续存储的数据也可以组织在同一个文件内,从而很方便地对它们进行增、删、改等操作。为此,我们必须要先在存储设备上建立文件系统。

文件系统是为了存储和组织计算机文件以及使它们的查找和访问更方便而包含的数据。在存储设备上建立文件系统就是建立使文件查找和访问更方便所需要的数据结构,也就是对存储设备进行格式化。该操作非常简单,我们现在使用的桌面操作系统都有这种功能,但是要想通过单片机访问存储设备文件系统中的文件,则首先要清楚文件系统的结构,然后编写访问文件系统的驱动。常用的文件系统很多,例如 FAT、ntfs、ext2、ext3 等,这里选择一般桌面操作系统都支持的 FAT 文件系统,并分析它的结构。

FAT(File Allocation Table)即文件配置表,又称文档分配表,是一种由微软公司研发并拥有部分专利的文档系统,也是一种比较简单的文件系统。一个 FAT 文件系统分区的完整结构如图 4-7 所示。

其中,存储设备上的文件系统分区大小一般是以扇区和簇为单位衡量的,扇区和簇容量的定义可以在文件系统分区的操作系统 DBR 部分找到,通常一个扇区是 512byte,一个簇是 4 个扇区。

操作系统 DBR(DOS BOOT RECORD)区,即操作系统引导记录区的意思,大小是 512byte,在文件系统格式化时建

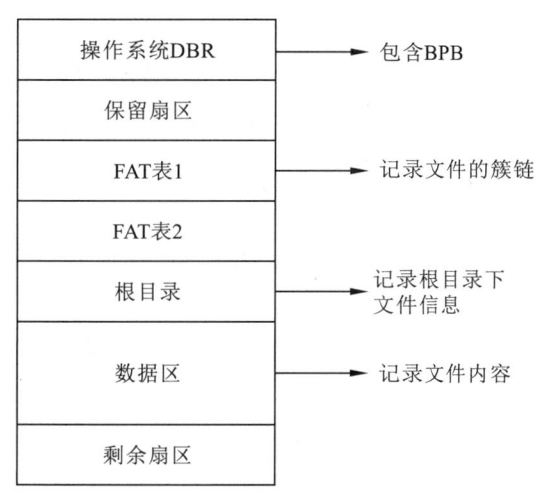

图 4-7 FAT 文件系统分区格式

立,包含跳转指令、厂商标志和操作系统版本号、BPB、操作系统引导程序和结束符(0x550xAA)等。其中,BPB(Bios Parameter Block)记录访问文件系统所需要的一些信息。例如,扇区大小、簇大小、保留扇区数、FAT 表数、总扇区数等。DBR 结构中常用信息如表 4-2 所示。

表 4-2 DBR 结构包含常用分区信息

偏移字节数	表示信息	偏移字节数	表示信息
0~2	跳转指令(0xEB 0x58 0x90)	0x0B	每扇区的字节数
0x0D	每簇的扇区数	0x0E	保留扇区个数
0x10	FAT 表数目	0x11	根目录项个数
0x16	每个 FAT 表的扇区数	0x1C	隐藏扇区数
0x01FE	有效结束标志(0x550xAA)		

FAT 表是在 FAT 文件系统中用于磁盘数据（文件）索引和定位引进的一种链式结构，相当于一本书的目录，记录每个章节的位置，而这里的每个章节就是文件的内容。在 FAT 文件系统中，一个文件由一簇或多簇组成，文件的存储依照 FAT 表指定的簇链式数据结构来进行。每两个字节为一个单元，可以将 FAT 表划分为若干单元，每个单元代表一个簇，单元在 FAT 表中的位置是所代表簇的簇号，而单元的内容表示该簇所属文件下一簇的簇号（0xFFFF 表示当前簇是文件的最后一个簇），这样就形成了一个簇链表示文件在存储设备上的位置。也就是说，只要知道文件的起始簇，就可以通过 FAT 表遍历访问整个文件。FAT 表 2 是 FAT 表 1 的一个副本，对文件系统的一般访问操作不会用到它。

根目录部分存放本目录下所有文件的信息，子目录也可视为一个文件。每一个文件对应一个目录项，每个目录项由 32byte 组成，代表的文件信息如表 4-3 所示。

表 4-3 FAT 文件系统目录项的内容

偏移字节数	文件信息	偏移字节数	文件信息
0x0~0x7	文件名	0x8~0x0A	文件扩展名
0x0B	文件属性	0x0C~0x0D	保留
0x0E~0x0F	文件创建时间	0x10~0x11	文件创建日期
0x12~0x15	保留	0x16~0x17	文件最近修改时间
0x18~0x19	文件最近修改日期	0x1A~0x1B	文件首簇号
0x1C~0x1F	文件长度		

通过文件名和文件扩展名可以查找到文件的对应目录项，进而可以得到文件的存储信息。目录项首字节为 0x0 表示该目录项为空，为 0xE5 表示该目录项对应的文件已经

删除。也就是说,我们要删除 FAT 文件系统中的某一个文件时,只需要将对应目录项的首字节置为 0xE5 即可。因此,当我们删除 FAT 文件系统中的一个文件后,该文件的内容没有改变,完全可以恢复它。要恢复已经删除的文件,只需要将其对应目录项首字节的 0xE5 更改为 0xE5 和 0x0 以外的其他数字即可。目录项中偏移量为 0x0B 的字节表示文件的属性,其中 0 表示文件可读写,1 表示只读,2 表示隐藏,16 表示子目录,32 表示归档文件等。偏移量为 0x0E~0x0F 和 0x16~0x17 的两个字分别表示文件的创建时间和修改时间,其值等于"小时×2 048+分钟×32+秒/2";偏移量为 0x10~0x11 和 0x18~0x19 的两个字分别表示文件的创建日期和修改日期,值等于"(年份-1980)×512+月份×32+日",因此根据这些单元的值可以推算出文件的创建时间和修改时间。偏移量为 0x1A~0x1B 的字记录文件的首簇号,上面我们已经提到了,只要知道了文件的起始簇,就可以通过 FAT 表中的簇链遍历访问整个文件。也就是说,通过查询文件对应的目录项和 FAT 表,就能够访问该文件。

4.3.2 单片机实现 CF 卡中的 FAT 文件存取

通过对 FAT 文件系统结构的剖析,我们已经知道如何访问 FAT 文件系统中的文件,但是 FAT 文件系统是建立在存储设备(CF 卡)上的,所以我们首先要建立单片机与 CF 卡之间的硬件连接,并实现 CF 卡的访问之后,才能访问其上的 FAT 文件系统。因此,CF 卡数据存储模块的实现框图如图 4-8 所示。

4.3.2.1 CF 卡硬件电路

CF 卡的硬件连接电路如图 4-9 所示。

这样 CF 卡就映射到了外部寻址空间,对 CF 卡的访问就转换为对其映射空间的读写。其中,-CE1 引脚和-CE2 引脚确定访问存储空间的方式,这里设置-CE2 引脚始终接高电平,那么-CE1 则成为片选信号,当-CE1 引脚为高电平时,芯片处于备用状态,当-CE1 引脚为低电平时,芯片处于选中状态且为 8bit 访问模式;-OE 和-WE 分别为读写使能引脚,也是低电平有效;-REG 引脚决定访问的是 CF

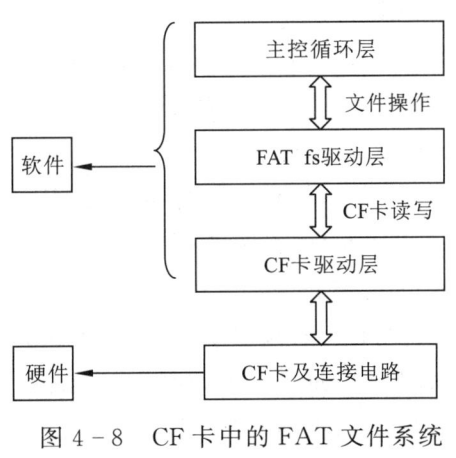

图 4-8 CF 卡中的 FAT 文件系统访问分层设计

卡内的存储空间、寄存器空间,当引脚为低电平时访问的是寄存器空间。将地址总线中的 CA12 连接该引脚,因此 CF 卡所对应的 0xE000~0xFFFF 外部寻址空间中,0xE000~0xEFFF 对应的是 CF 卡寄存器空间,0xF000~0xFFFF 对应的是 CF 卡的存储器访问空间。-CD1 和-CD2 引脚用来侦测 CF 卡是否完全插入了插槽,低电平有效,检测到两个引脚都低电平时,才说明 CF 卡已经完全插入,才能进行 CF 卡的读写访问。

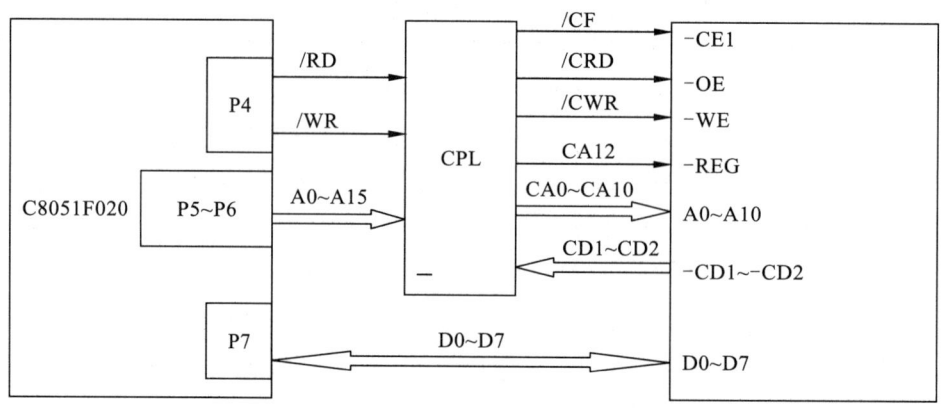

图 4-9 CF 卡的硬件连接电路

4.3.2.2　CF 卡中的 FAT 文件访问

1) CF 卡驱动层

CF 卡驱动层，基于 CF 卡及其连接电路实现 MCU 对 CF 卡的读写访问，向上提供 CF 卡读写访问接口函数。要实现 CF 卡的读写访问，首先要知道 CF 卡的寄存器配置和存储区的地址映射。

通过查询 CF 卡的使用手册可知，CF 卡中存在 4 个配置寄存器：配置选项寄存器 (Configuration Option Register)、卡配置和状态寄存器 (Card Configuration and Status Register)、引脚替换寄存器 (Pin Replacement Register) 和插槽拷贝寄存器 (Socket and Copy Register)。

配置选项寄存器：用来配置 CF 卡的复位、复位方式以及选择 CF 卡的存储模式，它在外部寻址空间的映射地址为 0xE000。

卡配置和状态寄存器：查询和改变 CF 卡的状态。例如，状态寄存器中状态改变信号的设置和禁用、配置访问模式为 8bit 的 I/O 模式、CF 卡省电模式控制、内部中断标志等，它在外部寻址空间的映射地址为 0xE002。

引脚替换寄存器，用来指示 CF 卡的 ready/busy 状态和写保护标志等，它在外部寻址空间的映射地址为 0xE004。

插槽拷贝寄存器：包含附加配置信息，它在外部寻址空间的映射地址为 0xE006。

当－REG 引脚为高电平时，访问 CF 卡的数据存储区，此时存储区地址映射如表 4-4 所示。

4 大电流脉动恒流供电优化技术

表 4-4　CF 卡访问控制方式

－REG	A10	A9～A4	A3	A2	A1	A0	偏移	－OE=0	－WE=0
1	0	×	0	0	0	0	0	读数据	写数据
1	0	×	0	0	0	1	1	错误寄存器	特征寄存器
1	0	×	0	0	1	0	2	扇区数	扇区数
1	0	×	0	0	1	1	3	扇区号	扇区号
1	0	×	0	1	0	0	4	柱面低字节	柱面低字节
1	0	×	0	1	0	1	5	柱面高字节	柱面高字节
1	0	×	0	1	1	0	6	选择卡/头	选择卡/头
1	0	×	0	1	1	1	7	状态寄存器	命令寄存器
1	0	×	1	0	0	0	8	读偶数据备份	写偶数据备份
1	0	×	1	0	0	1	9	读奇数据备份	写奇数据备份
1	0	×	1	1	0	1	D	错误备份	特征备份
1	0	×	1	1	1	0	E	交替状态	设备控制
1	0	×	1	1	1	1	F	驱动地址	预留
1	1	×	×	×	×	0	8	读偶地址数据	写偶地址数据
1	1	×	×	×	×	1	9	读奇地址数据	写奇地址数据

其中，偏移 0、偏移 8、偏移 9 的地址为数据寄存器，访问数据缓冲区；偏移 1 和 0x0D 是错误寄存器和特征寄存器(FR)，分别用来指示错误源和设置 CF 卡的某些特性；偏移 2 是扇区数寄存器(SC)，记录需要传送的扇区个数；偏移 3 是扇区号寄存器(SN)，保存开始扇区号或者 LBA(逻辑块寻址)中的 7～0bit；偏移 4、偏移 5 是柱面号寄存器(CY)，分别保存开始柱面号的低字节和高字节，或者分别保存 LBA 中的 15～8bit 和 23～16bit；偏移 6 是驱动/磁头寄存器(DH)，用来选择驱动和磁头号，也可用来选择 LBA 模式而非柱面/磁头/扇区模式(C/H/S)；偏移 7 和 0x0E 是状态和替换状态寄存器，当主机读取该寄存器时返回 CF 卡的状态；0xE 也是设备控制寄存器，用来控制 CF 卡的中断请求和产生一个 ATA 的软件复位；0xF 是驱动地址寄存器，用来提供与 AT 磁盘接口的兼容性；当执行写操作时，偏移 7 是命令寄存器，也是最常用的寄存器，主机通过该寄存器向 CF 卡下达命令。

通过访问数据寄存器可以对 CF 卡内的数据读写。当－CE1 引脚为低电平、－CE2

引脚为高电平时,连续两次访问表中的偏移 0 数据寄存器,则第一次访问偶地址字节,第二次访问其后的奇地址字节。访问表中的偏移 8 数据寄存器和偏移 9 数据寄存器也可以访问该地址的低字节数据和高字节数据。连续访问偏移 0 数据寄存器或偏移 8 数据寄存器可以访问整个数据缓冲区。此外,访问 0x400 和 0x7FF 之间的偶地址寄存器等价于访问偏移 8 数据寄存器,访问 0x400 和 0x7FF 之间的奇地址寄存器等价于访问偏移 9 数据寄存器,这 1Kbyte 的存储区窗口是为了使主机能够执行存储区到存储区之间的块拷贝设置的。

通过向命令寄存器中写命令字的方式,主机可以对 CF 卡进行控制。例如,读写访问、改变访问方式、进行扇区擦出和格式化等操作。常用命令字如表 4-5 所示。

表 4-5 CF 卡访问常用命令字

命　令	命令字	参数(寄存器)
读扇区	0x20 或 0x21	SC、SN、CY、DH
写扇区	0x30 或 0x31	SC、SN、CY、DH
擦除扇区	0xC0	SC、SN、CY、DH
格式化	0x50	SC、CY、DH
设置特性	0xEF	FR、DH

从 CF 卡读取指定扇区的数据,只需要在 SC(扇区数寄存器)中写入需要读取的扇区个数,在 DH(驱动/磁头寄存器)中选择 LBA 模式或 C/H/S 模式,并在 SN(扇区号)、CY(柱面号)、DH 中写入要读取的扇区地址,然后在命令寄存器中写入 0x20 或 0x21,即可启动 CF 卡的读扇区操作。此时 CF 卡将指定扇区内的数据读入数据缓冲区,因此主机只需要通过连续读数据寄存器的方式,即可将指定扇区的内容从数据缓冲区中读出。CF 卡的读操作实现代码如下:

```
#define SECTOR_CNT_REG XBYTE[ATA_REG_BASE+0x02]/*定义 SC 寄存器*/
#define DRIVE_OR_HEAD_REG XBYTE[ATA_REG_BASE+0x06]/*定义 DH 寄存器*/
#define CMD_REG XBYTE[ATA_REG_BASE+0x07]/*定义命令寄存器*/
#define CF_LBA_0_7_REG XBYTE[ATA_REG_BASE+0x03]/*定义 SN 寄存器*/
#define CF_LBA_8_15_REG XBYTE[ATA_REG_BASE+0x04]/*定义 CY 低字节寄存器*/
#define CF_LBA_16_23_REG XBYTE[ATA_REG_BASE+0x05]/*定义 CY 高字节寄存器*/
#define CF_LBA_24_27_REG XBYTE[ATA_REG_BASE+0x06]/*重定义 DH 寄存器*/
#define DATA_REG XBYTE[ATA_REG_BASE+0x00]/*重定义数据寄存器*/
```

```c
#define SEND_CMD(i)  CMD_REG=(i)/*定义写命令函数*/

union {
    ulong addr;
    byte buf[4];
}lba;/*利用存储来进行 LBA 转换的共用体*/
/*
*函数名称:cf_read_data
*功能描述:读 CF 卡,至多一个扇区
*入口参数:ulong LBA--CF 卡扇区的线性地址
*         byte *buf- -读出 CF 卡扇区数据存放的位置的首地址
*         uint len   --读取的字节数,至多512个(CF 卡一个扇区的字节数)
*出口参数:TRUE   --读取成功;FALSE - -读取失败
*/
bool cf_read_data(ulong LBA, byte *buf, uint len)
{
    uint i=0;

    if (!cf_wait_ready()) {          /*测试 CF 卡是否准备好*/
        return FALSE;
    }

    DRIVE_OR_HEAD_REG=CF_LBA_ADDR;   /*选择 LBA 模式*/
    SECTOR_CNT_REG=1;                /*填写要读取的扇区数*/
    lba.addr=LBA;                    /*利用共同体转换 LBA 地址*/
    CF_LBA_0_7_REG= lba.buf[3];      /*选择要访问的扇区*/
    CF_LBA_8_15_REG= lba.buf[2];
    CF_LBA_16_23_REG= lba.buf[1];
    CF_LBA_24_27_REG| =(lba.buf[0] & 0x0f);

    SEND_CMD(CF_CMD_RD_SECTOR);      /*发出读命令*/

    while(!cf_wait_drq()) {          /*等待 CF 卡读取完毕*/
        return FALSE;
    }
```

```
    for(i=0;i<len;i++) {            /*读取一个指定长度的数据*/
        buf[i]=DATA_REG;
    }
    return TRUE;
}
```

其中,cf_wait_ready()函数通过读取状态寄存器的 ready 位,来测试 CF 卡是否准备好;DRIVE_OR_HEAD_REG 是 DH 寄存器的宏定义,CF_LBA_ADDR 也是一个宏定义,用来选择 LBA 模式;SECTOR_CNT_REG 是 SC 的宏定义,用来设置读取扇区的个数;lba 是一个共同体,便于将 lba 的值赋给 SN、CY 和 DH,从而指定要读取的扇区;SEND_CMD 是一个宏定义函数,用来将命令字赋给命令寄存器,CF_CMD_RD_SECTOR 也是一个宏定义函数,其值为 0x20,也就是读扇区命令字。cf_wait_drq()函数通过读取状态寄存器中的相应标志位,测试并等待 CF 卡完成了扇区读取动作;最后,通过数据寄存器从 CF 卡的数据缓冲区读出指定长度的数据。

要将一个扇区的内容写入某指定扇区,首先向 CF 卡下达写扇区的命令,使 CF 卡进入写扇区状态。下达写扇区命令时,先在 SC 中写入 1,在 DH 中选择 LBA 或 C/H/S 模式,并在 SN、CY、DH 中写入要读取的扇区地址,然后在命令寄存器中写入 0x30 或 0x31,即可启动 CF 卡的写扇区命令,使 CF 卡进入写扇区状态。当 CF 卡接收到写扇区命令时,会将状态寄存器中的相应位置标志为 1,然后等待主机通过写数据寄存器填充扇区缓冲区,直到整个扇区填充完成。CF 卡的写操作实现代码如下:

```
/*
*函数名称:cf_write_data
*功能描述:写 CF 卡扇区
*入口参数:ulong LBA--CF 卡扇区的线性地址
*        byte *buf--要写入 CF 卡的扇区数据存放的位置的首地址
*出口参数:TRUE--写入成功;FALSE--写入失败
*/
bool cf_write_data(ulong LBA, byte *buf)
{
    uint i;

    if (!cf_wait_ready()) {         /*测试 CF 卡是否准备好*/
        return FALSE;
    }
```

```
    DRIVE_OR_HEAD_REG=CF_LBA_ADDR;         /*准备要写的 LBA*/
    SECTOR_CNT_REG=1;
    lba.addr=LBA;
    CF_LBA_0_7_REG= lba.buf[3];
    CF_LBA_8_15_REG= lba.buf[2];
    CF_LBA_16_23_REG= lba.buf[1];
    CF_LBA_24_27_REG| =(lba.buf[0]& 0x0f);

    SEND_CMD(CF_CMD_WR_SECTOR);            /*发出写命令*/

    if (!cf_wait_drq()) {
       return FALSE;
    }
    for (i=0; i<512; i++) {                /*写入一个扇区的内容*/
       DATA_REG=buf[i];
    }
    return TRUE;
}
```

其中,CF_CMD_WR_SECTOR 是一个宏定义,其值为 0x30,宏定义函数 SEND_CMD 将写命令字写入命令寄存器;等待 CF 卡准备就绪之后,通过将写数据的方式,将主机缓冲区内的扇区数据写入 CF 卡指定的扇区。

2) FAT fs 层

FAT fs 层,基于 FAT 文件系统的结构,利用 CF 卡驱动层向上提供的服务(CF 卡的读写),实现 FAT 文件的增、删、改等操作,并向上提供实现这些功能的接口函数。

在系统启动时要加载 CF 卡上的 FAT 文件系统,也就是读取 FAT 文件系统的信息。FAT 文件系统中的信息记录在文件系统的 BPB 中,因此我们只需要在 bootloader 代码中将 BPB 中的信息读出即可。实现代码如下:

```
/*定义 DBR 中 BPB 各项的偏移位置*/
#define FAT_OFFSET_BPB_HEADER          0x00      /*首字节(跳转指令)  */
#define FAT_OFFSET_BPB_BYTSPERSEC      0x0b      /*每扇区字节数      */
#define FAT_OFFSET_BPB_SECPERCLUS      0x0d      /*每簇扇区数        */
#define FAT_OFFSET_BPB_RSVDSECCNT      0x0e      /*保留扇区数        */
#define FAT_OFFSET_BPB_NUMFATS         0x10      /*FAT 表数目        */
#define FAT_OFFSET_BPB_ROOTENTCNT      0x11      /*根目录项数        */
```

```c
#define FAT_OFFSET_BPB_FATSZ16          0x16        /*每个 FAT 表扇区数     */
#define FAT_OFFSET_BPB_HIDDSEC          0x1c        /*隐藏扇区数             */
#define FAT_OFFSET_BPB_TAIL             0x01fe      /*有效结束标志           */
struct {
    uint32_t fat_start_sector;      /*FAT 表的起始扇区         */
    uint32_t root_start_sector;     /*根目录区的起始扇区       */
    uint32_t data_start_sector;     /*数据区的起始扇区         */
    uint8_t  fat_num;               /*FAT 表的数目             */
    uint32_t sector_per_fat;        /*每个 FAT 表的扇区数      */
    uint16_t root_ent_cnt;          /*根目录的记录数           */
    uint8_t  root_ent_sector;       /*根目录所占的扇区数       */
    uint16_t byte_per_sector;       /*每个扇区的字节数         */
    uint8_t  sector_per_clus;       /*每个簇的扇区数           */
}FAT;                               /*FAT 文件系统信息结构体*/
/*
*函数名称:fat_read_BPB
*函数描述:读取 FAT 文件系统信息
*入口参数:无
*出口参数:TRUE - -读取成功;FALSE - -读取失败
*/
bool fat_read_BPB(void)
{
    byte buf[512];                  /*读取扇区的存放缓冲区*/
    uint reserved_sector;           /*保留扇区个数*/
    uint hidden_sector;             /*隐藏扇区个数*/

    if (!cf_read_data(0,buf,512)) { /*读取 DBR,也就是读取文件系统的第一扇区*/
        return FALSE;
    }

    if (buf[FAT_OFFSET_BPB_HEADER]==0xeb &&/*验证头尾标志*/
        fat_cctli(&buf[FAT_OFFSET_BPB_TAIL],2)==0xaa55){

        /*读取 DBR 中的文件系统信息*/
        FAT.fat_num=buf[FAT_OFFSET_BPB_NUMFATS];
```

```
    FAT.sector_per_fat=fat_cctli(&buf[FAT_OFFSET_BPB_FATSZ16],2);
    FAT.byte_per_sector=fat_cctli(&buf[FAT_OFFSET_BPB_BYTSPERSEC],2);
    FAT.sector_per_clus=buf[FAT_OFFSET_BPB_SECPERCLUS];
    FAT.root_ent_cnt=fat_cctli(&buf[FAT_OFFSET_BPB_ROOTENTCNT],2);

    /*计算 FAT 表的起始地址*/
    hidden_sector=fat_cctli(&buf[FAT_OFFSET_BPB_HIDDSEC],4);
    reserved_sector=fat_cctli(&buf[FAT_OFFSET_BPB_RSVDSECCNT],2);
    FAT.fat_start_sector=hidden_sector+reserved_sector;

    /*计算根目录区的起始地址*/
    FAT.root_start_sector=FAT.fat_start_sector+(FAT.fat_num*FAT.sector_per_fat);

    /*计算数据区的起始地址*/
    FAT.root_ent_sector=((FAT.root_ent_cnt*32)+
                        (FAT.byte_per_sector-1))/FAT.byte_per_sector;
    FAT.data_start_sector=FAT.root_start_sector+FAT.root_ent_sector;
  }
  return TRUE;
}
```

根据读取文件系统的信息和文件系统的结构就可以进行文件内容的读取。首先根据根目录区的起始地址,读取根目录并查找到文件对应的目录项,然后在目录项中查找到文件首簇号;其次根据 FAT 表的起始地址读取 FAT 表,查找到文件首簇号对应的单元,其值就是文件下一个簇号,由此就可以访问文件对应的簇链;最后要读取文件的内容,可以根据数据区的起始地址和文件簇链中的簇号,查找到每个簇对应的起始地址,从该地址读取一个簇大小的数据就完成了文件簇链中该簇对应文件片段的读取;遍历簇链就可以完成整个文件的读取。

根据读取的文件系统的信息和文件系统的结构就可以进行下一个文件中写入数据。

首先根据根目录区的起始地址,读取根目录并查找到文件对应的目录项,然后在目录项中查找到文件的首簇号。其次根据 FAT 表的起始地址读取 FAT 表,查找到文件首簇号对应的单元,也就查找到了文件对应的簇链;遍历簇链查找到最后一个簇链的位置,然后再根据目录项中文件大小,判断尾扇区是否已满,如果扇区不满则读取该扇区,修改读取扇区将要写入的数据写入扇区并将扇区写回;如果扇区已满,则判断该簇是否已满,若该簇未满,则将要写入的数据写入该簇的下一个扇区,若该簇已满,就申请一个新簇即查找 FAT 表的空闲单元,将该单元代表的簇号写入文件簇链最后一个簇号对应的单元,然后将数据写入新簇的第一扇区。最后判断文件是否已经写完,如果文件没有写完,则判断本簇是否已满,若本簇未满,继续写入;如果文件已经写完,则函数返回。此外,为了减少簇交换以提高文件系统访问的实时性,采用 NFAT 文件系统技术,对 FAT 文件系统进行了优化。

4.4 信号提纯技术

4.4.1 去除电磁干扰

隧道内的电磁环境比较复杂,存在很多的电磁干扰,如果不去除这些干扰,则会使采集到的电压信号严重恶化,甚至造成有用的激发极化信号淹没在电磁干扰之内而无法完成正常采样。其中最典型的就是隧道动力线引起的 50Hz 工频干扰。

4.4.1.1 抑制共模干扰

为了抑制共模干扰信号,在信号输入级采用差分输入方式,差分放大器采用高输入阻抗、高共模抑制比的 AD620BR 仪用放大器,它具有 10GΩ 以上的输入阻抗和差分输入模式下 90dB 以上的共模抑制比,既对共模干扰有很强的抑制作用,又易与外部输入阻抗匹配。在差分放大器前还设置了一个共模电感,用于滤除输入信号中混杂的共模电磁干扰。差分放大器之前的抗干扰滤波电路如图 4-10 所示,其中 L1 为共模电感。

4.4.1.2 差模信号滤波

为了滤除差模信号中高频噪声,在差分放大器之前设置滤波电容,图 4-10 中的 C19 和 C1 为高频滤波电容。共模电感用来抑制共模干扰,它对差模信号没有影响,而它两侧的电容对高频差模信号相当于短路,因此可以滤除差模信号中的高频干扰。

50Hz 工频干扰是最大的干扰源,对采集信号的影响很大,需要进行特殊滤波。在差分放大器之前要进行 50Hz 陷波,这是因为输入信号中工频干扰成分很强,如果不先通过陷波器对其进行抑制,那么有可能使输入信号超过差分电路的输入电压范围,导致不能正常工作,甚至造成损坏。同时,测量信号要求是双极性的,也就是说设计电路必须是对称的,否则会造成交换输入端时,系统的输入阻抗不同,从而引起测量误差。然而,一般的双 T 型 50Hz 陷波电路是非对称的,所以如果两个输入端之间接这种陷波电路,那么系统的输入阻抗就会出现不对称。

因此,这里采用了平衡式的 50Hz 陷波电路(图 4-11),既可以起到对 50Hz 工频干扰抑制的作用,使得差分放大电路能够正常工作,又能保证电路的对称性,但是该电路对 50Hz 工频干扰的抑制是有限的,因此,在差分电路之后又设计了一级 50Hz 陷波器。这

4 大电流脉动恒流供电优化技术

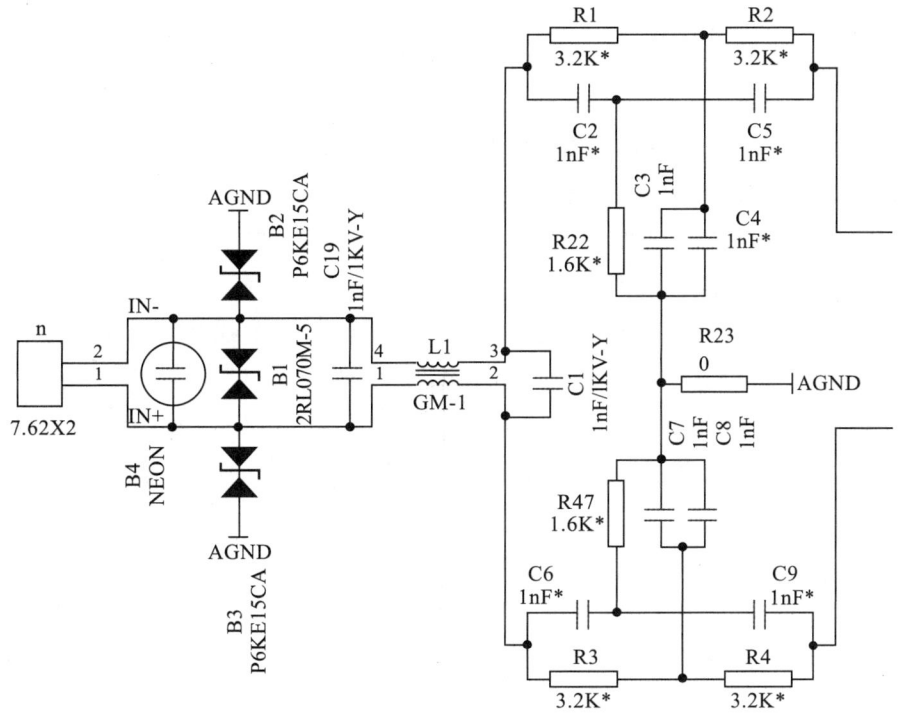

图 4-10　信号输入端抗干扰滤波电路

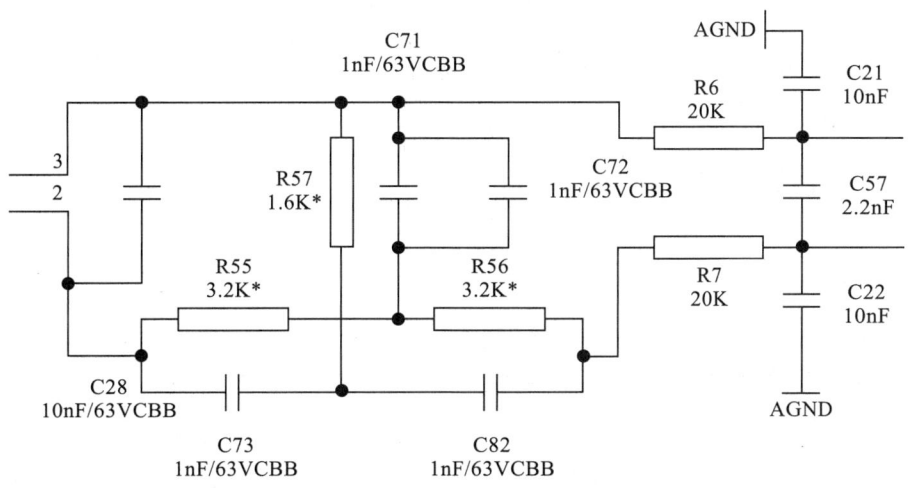

图 4-11　平衡式的 50Hz 陷波电路

里采用双 T 型陷波器,可以保证对 50Hz 工频干扰的抑制能达到 $-80 \sim -70$dB。

除了 50Hz 工频干扰之外,隧道现场还可能存在由施工机器引起的其他高频干扰信号,因此必须要对信号进行低通滤波,但是,采集信号中也存在一些有用的高频成分,这里需要做一些取舍。对于不含噪声的有用信号而言,低通滤波最有可能影响到的是放电时的曲线下降沿。因为陡峭的下降沿会富含很多高频成分,低通滤波器会抑制信号中的高频成分,而对低频成分的影响很小,因此信号的下降沿会被拉伸。然而,如果不对信号进行低通滤波,保留信号的高频成分,那么高频噪声也会夹杂在其中,使得采集信号的有效性和稳定性变差。因此,我们需要寻找一个平衡点,在满足数据分析对采集信号下降沿要求的情况下,合理地设计低通滤波器,使其尽可能地滤除采集信号中的高频噪声成分。在低通滤波器频点和阶数的选取上,需要进行数据仿真。

经过理论分析和对以往经验数据的总结,我们可以将理想的电压曲线的下降沿部分假设为一个 $1/t$ 函数,其中 t 是时间单位 10ms,然后假设充电过程中稳定后的电压为 1V,这样就得到了理想的激发极化充放电曲线。它与实际曲线肯定存在差异,这里只是为了设计低通滤波器而进行适当的假设。激发极化效应中,极化率参数对曲线下降沿的要求较高,一般使用放电 200ms 之后的电压计算极化率。200ms 时刻的岩石极化率通常为 1%~20%,而根据本书假设的理想曲线计算出来的 200ms 时刻的岩石极化率为 4.76%,在正常范围之中。

在满足数据分析对下降沿要求的情况下,尽可能地衰减高频成分。经过反复调整参数进行数据仿真,决定采用 8 阶巴特沃兹低通滤波器,将截止频率设置为 20Hz,增益为 1,衰减量为 −40dB,其频谱特性曲线如图 4-12 所示。

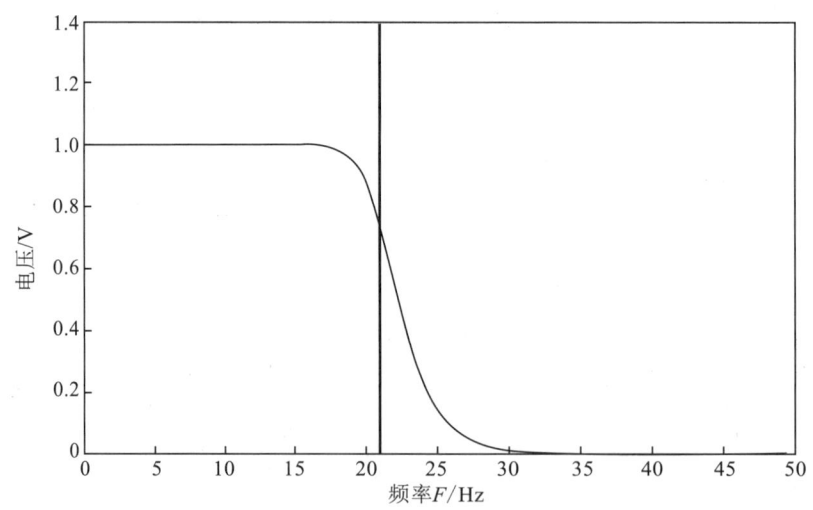

图 4-12　8 阶巴特沃兹低通滤波器幅频特性仿真曲线

利用该低通滤波器对假设的理想曲线进行滤波,并对滤波前后的曲线进行对比。图 4-13 显示滤波后的曲线在放电 200ms 时已经稳定。通过查看滤波率曲线数据,计算出 200ms 时的极化率为 5.03%,与理想曲线相差 0.27%,此偏差可以满足数据分析的要求。

将 8 阶巴特沃兹低通滤波器放在 50Hz 陷波电路之后,再加上受两级 50Hz 陷波器的影响,能够有效地对高频信号进行抑制,保证了采集信号的稳定性和有效性。

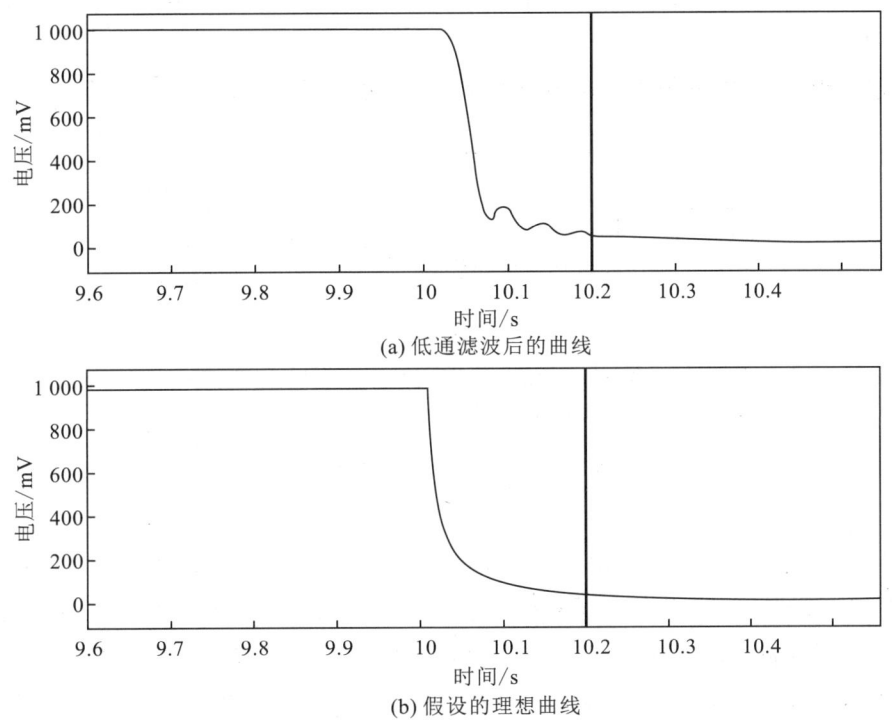

图 4-13 低通滤波器对理想曲线下降沿的影响

4.4.2 PID 调零去除极化干扰

4.4.2.1 两级调零去除极化干扰

自然电位是由于大地存在自然电场而产生的,可以观测到的自然电场有两类:一类是地球表面区域性分布的大地电流场和大地电磁场,即一种低频电磁场,其分布特征与较深范围内的地层结构及基底起伏有关;另一类是仅局限于局部地区的电场,即一种直流电场,通常与地下水的运行及岩石、矿石的电化学活动性有关。自然电场的成因有很多种解释,可分为电子导体理论和离子导体理论两大类。自然电场的存在必然会在测量电极两点上产生电位差,也就是自然电位。观测和研究自然电场中的直流电场分布有利于解决地质方面的问题,也就是地质探测中的自然电场法。自然电场法可以用来预测是否存在含水构造,但是这种自然形成的电场一般比较弱,易受周围环境的干扰,而且预测范围比较近。二电流激发极化法是通过附近电场人为激发的方式,使含水构造充分极化,因此形成的电场较强,可以克服自然电场法中的缺陷。

二电流激发极化法主要是研究电流激发电场的分布情况,因此,对于二电流激发极化法来说,自然电位是一种干扰信号,需要滤除。自然电位中的低频电磁场成分非常小,影响可以忽略不计;然而,自然电位中的直流电场成分一般比较大,不能忽略不计。对于这种直流电场,只能在开始测量前通过自然电位补偿的方式将它抵消掉,也就是仪器使用前的调零过程。

调零过程是由信号采集电路和极化补偿电路协调完成,如图4-14所示。

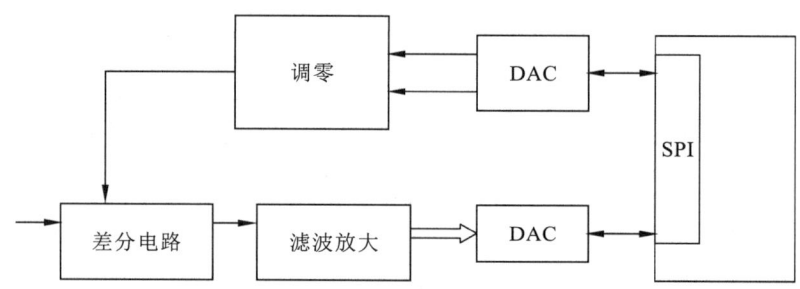

图4-14 两级调零设计电路

C8051F020通过SPI接口(串行外设接口)与DAC和ADC芯片通信,完成芯片配置、DA转换和AD转换。DAC芯片采用AD公司的AD5722,它是一个完整的双极性,12位数模转换器,有两路模拟输出,可以通过软件编程,选择模拟输出的电压范围。经过AD5722的模拟输出信号,连接到差分放大器的参考电压端,通过改变差分电路参考电压的方式,将自然电位抵消掉。然而,如果模拟输出选择±10V,那么AD转换的分辨率只有4.88mV,这种分辨率显然不符合要求,因此要采用两级调零技术,这样可以充分利用芯片资源,在不增加ADC芯片的前提下提高调零的精度。

ADC模拟输出可分为两路:一路负责粗调零,另一路负责细调零。首先,将两路模拟输出的电压输出范围都设置为±10V。然后,让细调零模拟输出先通过一个500倍的除法电路,再与粗调零输出叠加。最后,将叠加后的信号连接到仪用放大器AD620的参考电压引脚上。这样,通过两级调零既能够实现±10V范围的调零,还能够将调零精度提高到$9.76\mu V$。

4.4.2.2 采用PID算法提高调零质量

因为自然电位是一个随环境不断变换的电压信号,即使在外部环境不变的情况下,自然电位也会因为受地球电磁场的影响,而存在小的波动。因此,如果不采用合理的调零措施,可能导致调零过程持续很长时间,甚至永远不能稳定,从而使调零误差较大。

PID调节是根据系统的误差,按偏差的比例(P)、积分(I)和微分(D)进行控制,在被控对象的结构与参数不能完全掌握,或得不到精确的数学模型等情况下,这种方法得到了广泛的应用。即使在控制理论和技术飞跃发展的今天,PID控制由于操作简单、稳定性好、鲁棒性强和可靠性高等优点,仍然具有强大的生命力。常用的PID模拟控制器是一种线性调节器,其控制算法如下:

$$u(t) = K_c\left[e(t) + \frac{1}{T_i}\int_0^t e(t)\mathrm{d}t + T_d\frac{\mathrm{d}e(t)}{\mathrm{d}t}\right] + u_0 \quad (4-1)$$

式中，K_c、T_i 和 T_d 分别为模拟控制器的比例项常数、积分项常数和微分项常数；u_0 为工作状态稳定时系统的输出。

数字控制系统中是时间离散系统，因此需要对式（4-1）进行离散化。对于模拟量进行离散化只需要对其进行一定周期的时间采样即可。例如，采样周期设置为 T，那么模拟量 $e(t)$ 可以用 $e(k) = e(kT)$ 表示；而对模拟量的积分可以用对其离散量的求和表示，对模拟量的微分可以用对其离散量的差分表示。这样，对于式（4-1）离散化后可以得到下面的公式：

$$u(k) = K_c\left\{e(k) + \frac{1}{T_i}\sum_{j=0}^{k}e(j) + \frac{T_d}{T}[e(k) - e(k-1)]\right\} + u_0 \quad (4-2)$$

然而，在实际应用中只需要关心控制量的增量即可，因此对 $u(k)$ 进行差分运算可以得到下面的增量型 PID 控制算法：

$$\begin{aligned}\Delta u(k) &= u(k) - u(k-1)\\ &= K_c[e(k) - e(k-1)] + K_i e(k) + K_d[e(k) + e(k-1) - 2e(k)]\end{aligned}$$
$$(4-3)$$

其中，$K_i = \dfrac{K_c}{T_i}$，$K_d = \dfrac{K_c T_d}{T}$ 分别为比例项系数和积分项系数。具体到讨论的问题来说，式中的 $u(k)$ 是需要调节的物理量，也就是通过两级 DA 变换输出的补偿值；$e(k)$ 是一个差值，由 PID 调节的目标值减去 AD 变换的当前采样值得到，对于调零过程来说，PID 调节的目标值是 0。这样，根据式（4-3）就可以实现 PID 算法控制下的调零过程。

首先，定义 zeroadj 结构体记录已调零电压的大小：

```
struct zeroadj {
    int dac0v;      /*记录当前粗调零值*/
    int dac1v;      /*记录当前细调零值*/
}
```

同时，为便于参数的设置和变量的管理，还要为 PID 算法的参数和中间数据定义结构体：

```
struct PID {
    double    SetPoint;         //设定目标
    double    Proportion;       //比例常数
    double    Integral;         //积分常数
    double    Derivative;       //微分常数
```

```
    double Deviation;                  //e(t)
        double    PreDeviation;        //e(t-1)
        double    OldDeviation;        //e(t-2)
}
```

明确了 PID 调节过程中各个变量的物理意义,就可以利用式(4-3)实现调零过程。具体实现代码如下:

```
/*
*函数名称:pid_cal
*功能描述:计算 pid 调节过程中的调节量
*入口参数:NextPoint--目标物理量的当前采样值
*出口参数:本次 pid 调节的调节量
*/
double pid_cal(uint NextPoint)
{
    /*调整中间变量*/
    PID.OldDeviation = PID.PreDeviation;         //e(t-2)=e(t-1)
    PID.PreDeviation = PID.Deviation;            //e(t-1)=e(t)

    /*计算当前采样偏差*/
    PID.Deviation = PID.SetPoint - NextPoint;    //计算 e(t)

    /*计算并返回需要调整的增量*/
    return(PID.Proportion*PID.Deviation          //比例项
        +PID.Integral*PID.PreDeviation           //积分项
        +PID.Derivative*PID.OldDeviation);       //微分项
}


/*
*函数名称:zeroadjust
*功能描述:完成调零功能
*备注:本函数在调零状态中一次采样完成后调用
*入口参数:无
*出口参数:本次 AD 变换的采样值:0xA000~0xFFFF——无效采样值
*                              0x0000~0x9FFF——有效采样值
```

```c
    */
uint zeroadjust(void)
{
    double delta_DA_value;          /*本次调整 DA 变换补偿的增量*/
    uintcurrent_value;              /*本次 DA 变换采样结果*/
    double general_value;           /*不包含增益信息的当前采样值*/

    /*读取本次 AD 变换结果*/
current_value=read_AD_value();

    /*检查 AD 变换结果是否合适,不合适则返回无效采样值*/
if(!check_AD_value(current_value))
        return 0xFFFF;

    /*如果采样值有效,则进行 pid 调零,并调整返回结果*/
    general_value=general(current_value);
    delta_DA_value=pid_cal(general_value);

    /*调整 zeroadj 结构体中的调零变量*/
    delta_DA_value+=(zeroadj.dac0v+(double)zeroadj.dac1v/500);
    zeroadj.dac0v=(int)delta_DA_value;/*取整数部分*/
    zeroadj.dac1v=(delta_DA_value-zeroadj.dac0v)*500;/*去小数部分*/

    /*更新 DAC 输出*/
dac_update();

    /*返回本次采样值*/
    return current_value;
    }
```

函数 pid_cal()用来计算本次 PID 调节的增量,入口参数是电压信号的当前采样值,返回值为本次 DAC 输出调节的增量。函数 zeroadjust()在调零过程中的每次采样后被调用,主要功能是完成 PID 调零过程,因为返回结果中包含增益信息位,所以 0x0000~0x9FFF 有效返回值。函数 read_AD_value()对采样缓冲区中的采样结果进行平均和其他调整,返回结果中包含增益信息位。general()函数用于将采样结果一般化,去掉采样结果中的增益信息为,将不同增益下的采样值统一到同一个增益下,以便于 pid_cal 函数中的运算。check_AD_value() 函数用来检验采样结果是否合适,主要是检查当前增益是否合适,如果当前增益过大,则选择 ADC 模块中较小增益的模拟输入通道,再进行采样并返回 false;如果当前增益过小,则选择 ADC 模块中较大增益的模拟输入通道,再进行采样并返回 false;如果当前增益合适则返回 true。函数 pid_cal() 返回的调零增量,与 zeroadj 结构体中的已调零值相加,再通过 dac_update() 函数将计算结果送到 DAC 模块输出,这样就完成了自然电位补偿值的一次调整。

4.4.3 小波变换去噪

4.4.3.1 软件去噪的必要性

软件去噪就是利用数字信号处理(DSP)技术,对采集到的数字信号进行处理,达到滤波信号中噪声的目的。模拟信号处理(ASP)技术,是用来处理时间和幅度上连续变化的模拟信号,主要是利用有源和无源的电路元件组成的电网络实现的,例如,前面电路滤波部分提到的 50Hz 陷波器和 8 阶巴特沃兹低通滤波器。

与 ASP 相比,DSP 有很多的优点。ASP 的一个主要缺陷是在完成复杂信号处理应用中的有限能力上,也就是在信号处理中的非灵活性和系统设计中的复杂性上。例如,巴特沃兹低通滤波器的设计中,滤波器频点的选择会受到可选用器件的限制,而且滤波电路的设计一旦完成很难更改,而利用 DSP 技术,就有可能把一台廉价的个人计算机转换为一个功能强大的信号处理器。DSP 的优点可归纳为如下几点。

(1) 采用 DSP 技术的系统可以用运行在一台通用计算机上的软件来完成,因此便于建立和测试,而且方便携带。

(2) DSP 运算是唯一建立在加法和乘法的基础上的,因此拥有极为稳定的处理能力。

(3) DSP 运算很容易实时进行修改,往往用简单的改变编程就可以实现。

(4) DSP 技术相对于 VLSI 技术来说,具有较低的成本,因为这项技术可降低存储器、门电路和微处理器等的价格。

DSP 的主要不足是运算速度,尤其是在频率很高时更为突出,而对于本书中的应用来说,信号频率较低,数据量也不是很大,不用考虑运算速度的问题。这里采用 ASP 和 DSP 相结合的技术,是由比较恶劣的现场工作环境决定的,如果采集的模拟电压信号进行 AD 转换前不进行 ASP,那么剧烈的干扰信号会使采样过程根本不能正常完成。因此,我们采用 ASP 技术主要是保证信号能够正常采集,然后对采集到的数字信号进行 DSP。

对于信号的去噪,单纯地依靠两级 50Hz 陷波、8 阶低通滤波等硬件电路还不够,信号中的较低频率的噪声和电路本身产生的噪声还需要滤除。如果不将采集信号中的噪声去除,则会造成曲线在小范围内的波动,对于激发极化效应半衰时的测量来说,即使很小的波动也有可能造成较大的测量误差。我们可以通过 matlab 仿真说明这个问题,理想曲线的函数同上面的假设一样,充电稳定时的电压为1V(即1 000mV),并将$1/x$作为放电曲线函数,低频噪声信号用振幅为5mV、频率15Hz的正弦信号$5\sin30\pi t$表示,理想电压曲线和加噪后的电压曲线如图4-15所示。

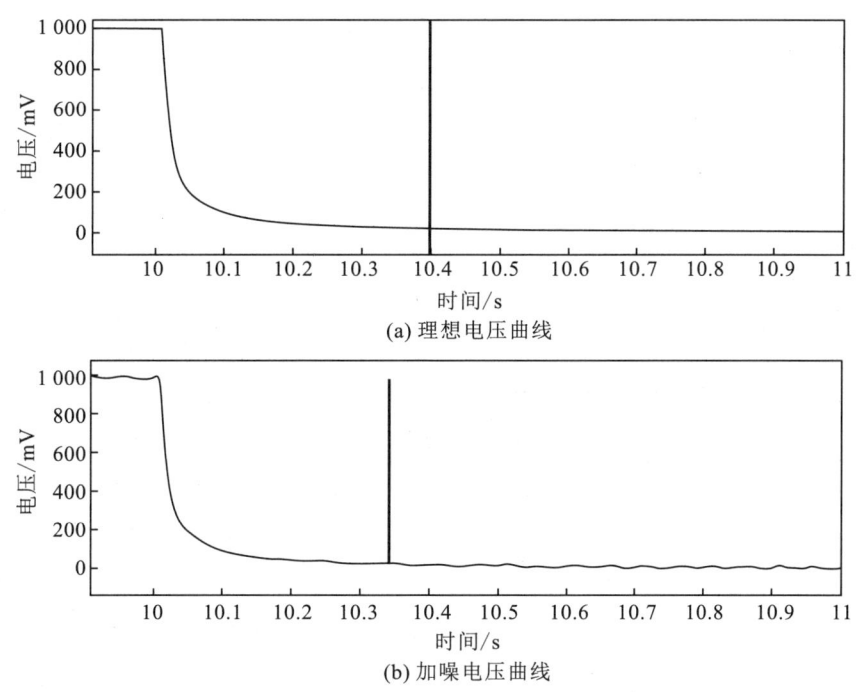

图4-15 单频噪声对理想电压曲线半衰时的影响

图4-15中的竖线表示半衰时的位置,理想电压曲线的半衰时是400ms,加噪电压噪声的半衰时为340ms,两者相差60ms,是理想电压曲线半衰时的15%,偏差很大。然而,这里只是考虑了频率15Hz的正弦噪声信号,如果再加上其他低频噪声信号和电路内部的噪声信号,偏差可能会更大。因此,必须要再通过软件进行去噪处理。

4.4.3.2 选择软件去噪方法

利用软件进行去噪处理有很多种方法,要滤除高频噪声可以选择数字低通滤波器。这里利用双线性变换法,设计3阶butterworth低通滤波器,系统函数为:

$$H(z) = \frac{1 + 3z^{-1} + 3z^{-2} + z^{-3}}{54.2 - 94.9z^{-1} + 63.62z^{-2} - 14.92z^{-3}} \tag{4-4}$$

采样频率为100Hz,滤波器的截止频率为10Hz。使用该低通滤波器对实际采样信号进行滤波,效果如图4-16所示。

从图4-16中可以看出,该3阶10Hz的巴特沃兹低通滤波器对放电信号的去噪效果非常差,这是因为放电过程中所含的高频噪声信号不多,而是以低频噪声为主。如果继续减小低通滤波器的截止频率,增大低通滤波器的阶数和阻滞衰减,可以实现滤除放电信号

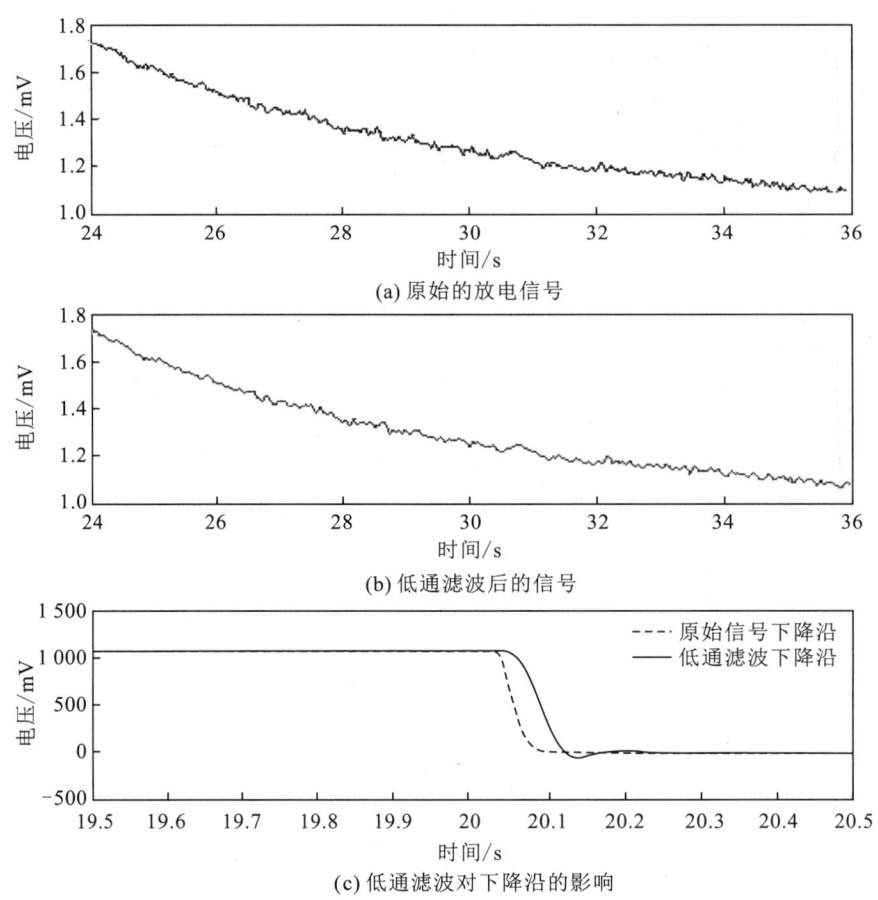

图 4-16　3 阶低通滤波器的去噪效果和对下降沿的影响

中的噪声的目的,但是,对比观察滤波信号和原始信号的下降沿可以发现,这时的低通滤波处理已经严重影响了原始信号的下降沿,如果继续减小低通滤波器的截止频率,那么滤波信号的下降沿与原始信号的下降沿偏差会继续增大,然而开始放电时的信号下降沿是非常重要的,它包含很多有用信息,会直接影响测量结果。因此,不能采用数字低通滤波器对采集信号做进一步的处理。

通过上面的仿真实验可以发现,原始信号的放电部分包含低频噪声,然而下降沿部分又包含有用的高频信号,因此采用传统意义上的滤波技术难以在去除噪声的同时保持信号的下降沿不受影响。小波变换技术,因为具有时域和频域的双重分辨率,能够将信号按照不同比例的时域窗口和频域窗口进行分解,常被用于信号分析领域。因此,可以尝试利用小波变换去噪技术对原始信号进行去噪处理。

要使用小波变化去噪技术,需选择一种母小波,采用的小波类型不同,去噪效果可能会不一样。此外,还要选择一种合适阈值的计算方法,阈值的大小会直接影响去噪效果的好坏。这里选择 Daubechies 系列中的 db4 小波函数,对信号进行 6 次分解,并采用软阈值法进行去噪,阈值的选择采用启发式 sure 阈值(heursure),并根据每一层小波分解的噪声水平估计进行调整。去噪效果如图 4-17 所示。

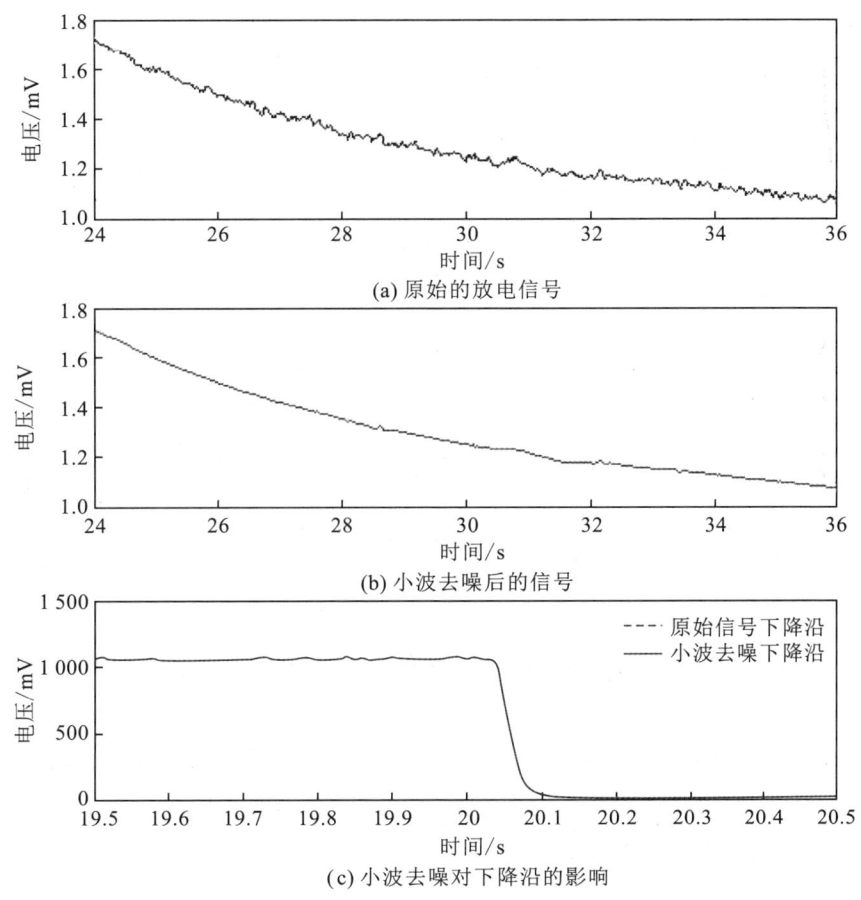

图 4-17 小波变换去噪效果和对信号下降沿的影响

从图 4-17 中可以看到,经过小波变换去噪,消除了放电信号中的低频噪声分量,使其得到了很好的平滑;观察小波变换去噪对信号下降沿的影响,可以发现去噪后的信号下降沿和原始信号的下降沿几乎完全重合,小波变换去噪很好地保持了原始信号的下降沿。

采用上面的小波变换去噪方法,对前面的假设掺杂了 15Hz 正弦噪声的理想曲线进行滤波,结果如图 4-18 所示。其中,理想电压曲线的半衰时为 400ms,小波去噪变换之后的信号半衰时为 410ms,两者相差很小。而去噪之前的信号半衰时与理想电压曲线的半衰时偏差为 60ms,可见小波变换去噪能够很好地抑制低频噪声信号的干扰,提高参数计算的精度。

4.4.3.3 用 VB 实现小波变换

以上的仿真都是在 matlab 环境下进行的,而做出来的仪器要到施工现场使用,因此

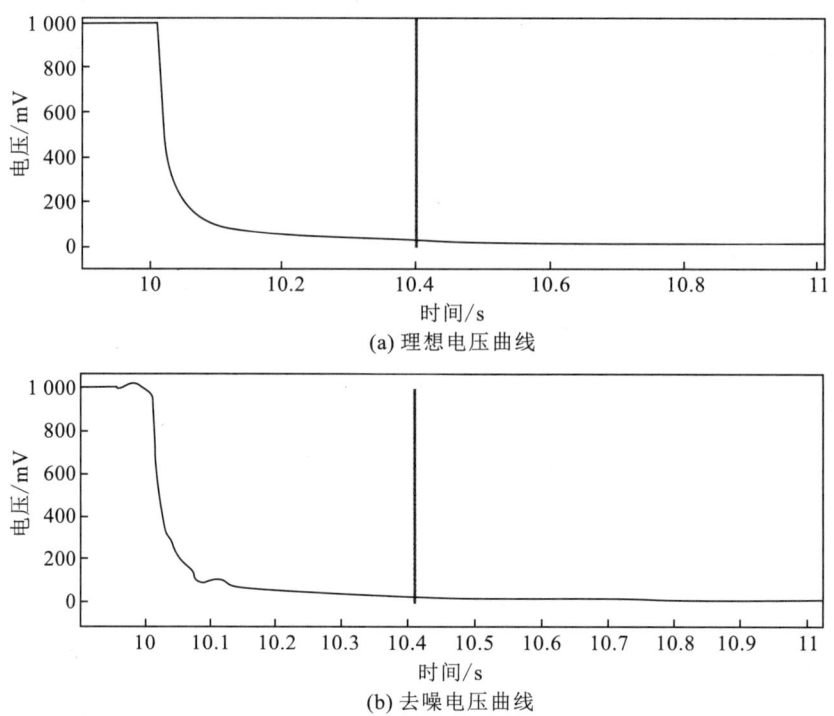

图 4-18 小波去噪方法对单频噪声的理想曲线的去噪效果

要让小波变换去噪方法脱离 matlab 环境运行,而且最好能够保留 matlab 中方便、美观的绘图功能。

要想利用 matlab 中的函数有很多种方法。

(1)在 matlab 中生成可执行程序。在 matlab 命令窗口中,通过"mbuild-setup"命令安装好 matlab compiler 之后,就可以使用"mcc"命令将 *.m 文件编译成 *.exe 文件。这时就可以在命令行中运行该.exe 文件,但是它不能在没有安装 matlab 的计算机上运行。要想让生成的可执行文件在没有安装 matlab 的计算机上运行,有以下两种方法:可以将%matlab%\extern\lib\win32 中的 mglinstaller.exe 安装到该计算机上,并将安装路径添加到操作系统的环境变量中;也可以在该计算机上安装和配置 Matlab Runtime Server,这样就相当于将 matlab 环境安装到了计算机上,所以生成的 *.exe 文件也能运行。但是,这种方法很麻烦,尤其是安装和配置 Matlab Runtime Server 过程繁琐且容易出现问题,对较复杂函数的兼容性也不好,生成的可执行文件调试与修改也很不方便。

此外,也可以用 MaTX 将 *.m 文件编译连接成可执行文件。MaTX 也是一种用于科学和工程计算的编程语言,它不但能提供与 matlab 有相似接口的解释器 matx,还能够将与 *.m 文件对应的 *.mm 文件编译成可执行文件的编译器 matc,但是 MaTX 的应用不多,相关资料也很少。

(2)在 VC 工程中调用 matlab 函数。Matlab 可以被 C 程序调用,也可以调用 C 编写的程序。这种交互中最简单的途径就是利用 matlab 的引擎(engine)功能,在其他应用程序中向 matlab 发送命令,控制它的运行。但是,采用这种方式必须要保证计算机上安装了 Matlab 环境,可以是安装了完整 Matlab,也可以是安装了 Matlab Runtime Server,然而,matlab 的笨重和安装 Matlab Runtime Server 的繁琐显然不符合我们的要求。

此外,还可以在 VC 中嵌入 mcc 生成的代码。通过 matlab C++ 数据库可以将 *.m 文件中的函数编译成 C++ 代码,然后添加到 VC 的工程中编译、链接。但是,也要经过复杂的头文件、库文件的配置,而且也要考虑函数之间调用的依赖性问题,对于复杂函数(例如,小波变化去噪)的兼容性也不好。

(3) 在 VB 工程中使用 MatrixVB。MatrixVB 是 MathWorks 公司为 Visual Basic 制作的一个附加插件,可以作为一个 COM 函数库被 Visual Basic 引用。该函数库利用与 matlab 函数语法和格式类似的功能函数,加强了 VB 的计算、数据处理和图形显示的功能。通过该函数库,既能够在 VB 工程中使用 matlab 的常用计算函数,又能够利用 matlab 强大的绘图功能。利用该函数库提供的 matlab 函数,在 VB 工程中编写小波变换、小波反变换函数,就可以达到利用小波变换去噪的目的,而且使用该函数库发布的可执行文件可以脱离 matlab 的运行环境,只需要在计算机上安装 MatrixVB 就可以运行。上位机的界面和数据处理程序是利用 VB 编写的,因此,项目中采用这种方法实现小波变化去噪。图 4-19 是在 VB 工程中,利用 MatrixVB 提供的函数实现小波变换去噪和图形显示功能的效果。

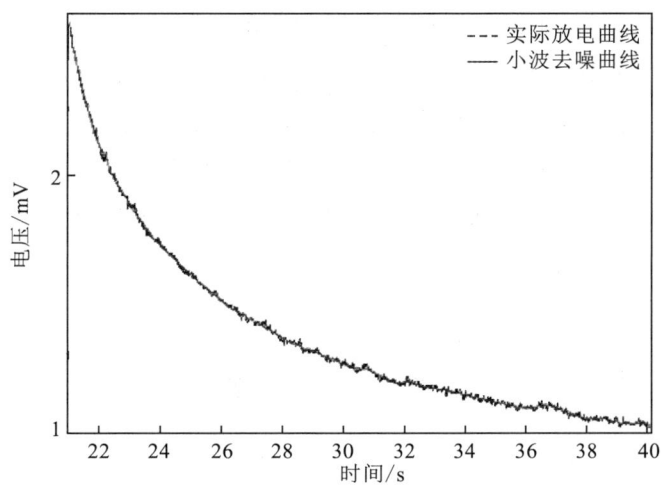

图 4-19 利用 MatrixVB 实现小波变换去噪和图形显示效果

通过图 4-19 中实际放电曲线和小波变换去噪曲线可以看出,小波变换去噪可以有效地去除放电过程中的噪声,去噪效果和图形显示效果与 matlab 中的仿真一样。

图 4-20 中原始采样曲线和小波变换去噪后的曲线几乎完全重合,可见小波变换去噪能够很好地保持原始采样曲线的下降沿。

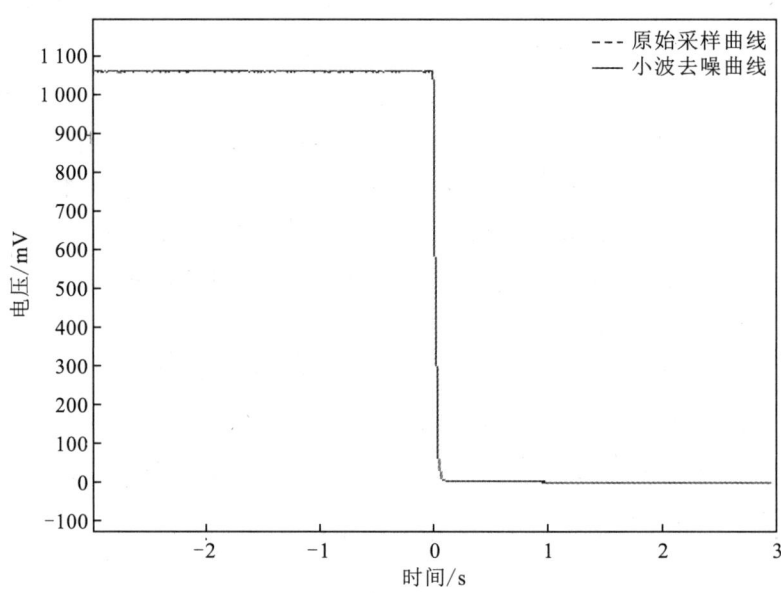

图 4-20　利用 MatrixVB 实现小波变换去噪对信号下降沿的影响

4.5　本章小结

　　隧道中环境比较复杂,所以对探测系统信号采集的要求较高。大电流脉动恒流供电优化技术针对在岩体的导电性能较差、距离供电电极较远的测量点电流密度较小且场强较弱,因此采集到的电压信号也比较弱,需要对其进行足够倍数的放大;距离供电电极较近的测量点场强较强,采集电压比较大,此时又需要保证接收机有足够的采集量程。对实时性要求较高的事件赋予较高的中断优先级可以改善系统的整体实时性。

5 泥质充填断层破碎带三维注浆扩散机理

在武广高铁韶关至花都段的设计过程中，采用了大量的新技术、新材料和新设备。武广高铁北起湖北省武汉市，途经湖南省长沙市，南抵广东省广州市，连接咸宁、岳阳、长沙、株洲、衡阳、郴州、韶关、清远等中等城市，至花都站引入广州铁路枢纽，全长968.57km。

郑万高铁为西南地区至华中、华北地区的快速客运通道，兼顾沿线城际及旅游客流运输。郑万铁路走向为：郑州东—许昌—平顶山—南阳—邓州—襄阳—保康—兴山—巴东—巫山—奉节—云阳—万州，全长770km，建成后与渝万（重庆—万州）高铁相接。

铁路沿线平原、阶地、丘间谷地大面积分布第四系冲积、冲洪积、坡洪积、坡残积松散堆积层；下伏基岩主要为侏罗系、白垩系砂砾岩、砂岩、泥岩、页岩夹碳质页岩、砂质页岩及煤层，石炭系灰岩、砂页岩，局部含煤铁，泥盆系砂页岩、灰岩，燕山期花岗岩及前寒武系片岩、板岩、变质砂岩等。沿线地下水类型主要有第四系孔隙水、基岩裂隙水及岩溶水。

武汉至花都段不良地质、特殊岩土类型和分布特征与地形地貌、地层岩性、地质构造、地下水等条件密切相关。不良地质分布类型主要有风化剥落、坍塌、滑坡、崩塌、危岩落石、顺层等，特殊岩土分布类型主要有岩溶及岩溶地面塌陷、软土及松软土、膨胀土等。

随着列车运行速度的提高，对轨道结构与路基结构也提出了更高的要求。在隧道内、高架结构和桥梁上铺设无砟轨道，已被普遍认可并已标准化。而在高速铁路土质路基上的应用则十分谨慎，除德国Rheda轨道铺设应用较多并基本定型外，其他国家多处于积极的试铺试验中。基于我国对土质路基无砟轨道的研究尚处于初级阶段，不同高铁宜根据沿线的自然地理背景、地质条件结合建设标准，选择代表性段落进行深入试验研究，待积累一定的经验后推广使用。

无砟轨道对沉降变形，特别是不均匀沉降要求严格。一般局部的沉降应在扣件的可调整范围，大范围的均匀沉降应该满足线路竖曲线圆顺的要求。对于调高量为30mm的扣件，扣除施工误差+6mm和-4mm，仅有20mm可以调整，再考虑列车运行时轨道结构需要预留5mm的变形，实际留给运营期间路基的允许沉降量仅为15mm，这是局部调整的极限。对于长度大于20m的均匀地基，根据德国的经验，在施工铺轨阶段时，在满足调整后轨面高程竖曲线半径的条件下，进行包括路基、涵洞、桥梁、隧道在内整段土工工程的整体沉降分析后，可以放宽沉降标准至30mm。

对于路桥、路涵等过渡段范围的沉降差异造成的折角,日本新干线板式轨道线路规定不大于 1/1 000,德国高速铁路无砟轨道技术标准中规定不大于 1/500,我国首次在路基上铺设无砟轨道,折角控制采用不大于 1/1 000。过渡段沉降的逐渐过渡和折角的要求也在于控制不均匀沉降。

5.1 注浆理论概述

突水突泥等地质灾害已成为制约我国隧道建设发展的重大难题,富水断层破碎带是突水突泥地质灾害的主要灾害源之一(图 5-1)。作为地球构造运动的产物,断层破碎带严重影响了隧址区域岩体的稳定性,是隧道安全修建和运营的关键控制地质因素。增加对隧道断层破碎带突水突泥灾害治理基础理论和关键技术的研究投入,从而为相关工程灾后整治方案设计、施工制定明确的规范与标准,对于治理断层破碎带,保证隧道及其他地下工程建设安全施工具有重要意义。

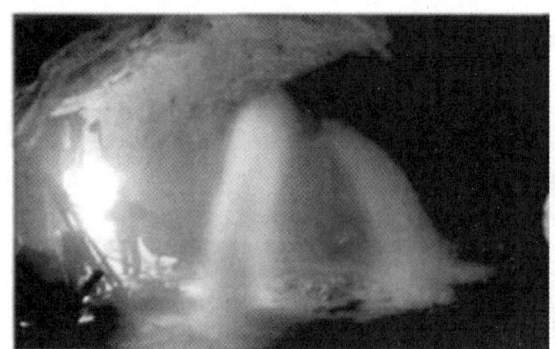 

图 5-1 隧道突水突泥灾害

注浆在铁路、公路、水利、矿山等交通及建筑领域中应用已有 200 多年的历史。工程实践证明,注浆方法通过改善被注介质力学特性、降低被注介质渗透率,成为解决不良地质问题的有效手段,目前已在铁路、公路、水利、矿山等多个行业和领域得到广泛的应用。通过设计注浆方案,加固隧道周边岩体,治理断层破碎带松散介质,封堵隧道周边导水通道,对于预防及治理隧址区断层破碎带、地下暗河、溶洞溶腔等不良地质构造,保证隧道及其他地下工程施工与运营安全具有重要作用。掌握注浆过程中不同浆液材料对被注介质力学特性与渗透率的改善情况,了解浆液在被注介质中的运移规律,有助于为注浆设计提供理论依据。近年来注浆技术已经成为工程建设研究的热点,但由于浆液运移过程极其复杂,涉及浆体特性、被注介质特性及两者的流-固耦合作用,其理论研究进展比较缓慢,无法有效指导注浆工程实践。因此开展泥质充填断层破碎带中注浆扩散和加固机理及相关灾害控制关键技术的研究,具有重大的理论意义和工程应用价值。

5.1.1 注浆理论

注浆理论是在物理力学、材料科学等学科基础上发展起来的,研究浆液在被注介质骨架结构(孔隙、裂隙)中的运移扩散规律,从而指导注浆工程实践的理论。通过对浆液在被注介质中的扩散、劈裂、渗透、凝结过程的观察与分析,建立扩散半径与浆液流量、注浆压力、胶凝时间、浆液材料及被注介质之间的关系。实际上浆液在被注岩土体中的流动是复杂多变的,它不仅与被注岩土体内部骨架结构及空间展布有关,还受注浆材料、注浆参数的影响。因此针对不同的工程环境,逐渐发展出了一批注浆理论,主要注浆理论包括动水注浆理论、劈裂注浆理论、压密注浆理论、渗透注浆理论。

5.1.1.1 动水注浆理论

动水注浆理论是研究在地下水流动的作用下,浆液在流场中扩散、封堵水源与导水通道、对软弱岩土体进行加固的理论。在深埋隧道、矿井及部分水电站工程中,地下水流场往往具有高压、大流量等不利工况,对于施工安全威胁极大。针对这种工况,基于低流速达西渗流定律的渗透注浆与裂隙注浆理论,已经难以为治理动水环境中突水突泥灾害的注浆方案设计与施工操作提供切实可行的参考依据。目前动水注浆理论发展还不成熟。为推导浆液运移的势函数、流函数,通常假定浆液扩散符合 Muskat 模型,将注浆源假设为恒定场源。此外,其他注浆理论大多数都是转化为定常流动,而动水注浆通常是一个动态过程。

5.1.1.2 劈裂注浆理论

劈裂注浆是指通过较高的注浆压力劈裂被注介质,在被注介质中形成劈裂脉络进而形成骨架,从而改善被注介质力学性能的一种注浆方式。相对于其他注浆方式,劈裂注浆对岩土体原始结构的破坏较严重。劈裂注浆在目前的实际工程中应用较广泛,理论研究也有所发展。针对不同的被注地层环境,劈裂注浆理论公式各不相同。

近年来,劈裂注浆的相关理论研究发展迅速。白云(1996)通过室内模拟试验,初步探究了在软土地基中劈裂注浆对土体的加固效果。陈愈炯(2016)将劈裂注浆与压密注浆结合起来,分析了两者对土体进行加固时的共同点与区别。孙峰(2019)将浆液作为宾汉姆流体的性能特点,研究分析了劈裂注浆中浆液材料参数、注浆设计参数与注浆劈裂脉络分布规律的关系,并提出注浆压力是劈裂注浆的主控因素,但同时也不能忽视浆液流体时变性与浆脉网络对注浆设计参数计算时的影响。邹金锋(2020)分别对土体、裂隙岩体中的劈裂注浆机理进行了研究,在对土体劈裂注浆的研究中,从劈裂注浆能耗方面分析出注浆压力在土体中的衰减规律及劈裂脉络在土体中的扩散规律;在对裂隙岩体劈裂注浆的研究中,基于断裂力学中的裂纹失稳机制,并通过非线性 Hoek-Brown 强度准则,推导出计算注浆压力的方法,从而得出裂隙岩体中劈裂注浆的规律。李术才、张伟杰等(2021)基于富水断层破碎带的岩体结构与广义宾汉姆流体的本构方程,建立了优势劈裂注浆的扩散模型,并分析了注浆速率、压力及浆液黏度对于劈裂注浆的影响规律。张森(1998)基于扩孔理论的劈裂注浆模型,分析对比了考虑非对称荷载作用与考虑对称荷载作用的劈裂注浆起劈压力的区别。张庆松、李鹏等(1988)依托实际工程,建立了一套大比例注浆试验模型,通过模拟工程中的劈裂注浆过程,分析研究了劈裂注浆中主、次生劈裂的劈裂压力机理,给出了相应的界定方法,并在实际工程中得到了验证。王起才(2012)基于湿陷性黄土路基的室内模拟试验结果,研究了劈裂注浆压力对土体位移的影响,并发现劈裂注浆在黄土路基中主要起填充、挤压、骨架效应。王哲(1992)对黑龙江滨绥铁路的工程实际情况,设计了多种劈裂注浆治理方案,有效地解决了软土地基带来的变形问题,突出了劈裂注浆相对于其他传统治理工艺的优越性。

5.1.1.3 压密注浆理论

压密注浆理论是将不易流动的惰性浆液通过注浆孔注入岩土体中形成浆泡,同时挤密周围的土体从而提升被注介质强度与稳定性的注浆理论。从 20 世纪 50 年代开始,压密注浆理论开始应用于工程实践中。Graf(1969)通过压密注浆机理揭示了注浆过程中浆液对于被注介质的挤密过程。Brown 等(1973)通过分析相关实验与工程后发现,强度越弱的土层和土体中,压密注浆挤密效果越显著。Bake 等(1981)针对隧道软土地层进行压密注浆治理,从而解决了土体沉降变形问题。Brown 等(1992)通过研究进一步指出,压密注浆所形成的固结体与周围土体会明显区分开来。Komiya(2001)根据现场试验与室内试验的结果,分析总结出压密注浆对于软黏土层变形情况的控制影响规律。Liu(2001)根据黏性土体中压密注浆的室内试验结果,分析研究了压密注浆时被注介质内部产生的位移及注浆完成后被注介质的强度改变。国内开展压密注浆理论研究的时间相对较晚,有部分学者分别从理论研究、注浆试验和数值模拟等方面对压密注浆影响软黏土的规律进行了研究,并取得了一系列成果。

5.1.1.4 渗透注浆理论

渗透注浆理论的提出时间最早、发展时间最长,也最成熟。该理论多将浆液流体简化为牛顿流体,被注介质视为均质连续各向同性介质。该理论最早由 Maag 于 1983 年提出砂土层中的球形扩散理论,之后 Karol、Raffl 等相继提出类似理论公式。

5.1.2 注浆理论研究中存在的不足

国内外学者在注浆理论方面已取得了重要进展,对于促进注浆理论的发展意义深远,但是目前对于浆液在泥质充填介质中扩散的理论模型、断层内二维结构面与 H 维空间内浆液扩散机理及相关数值模拟方面的研究仍存在不足。

(1)大部分渗透注浆理论没有考虑颗粒型浆液渗透扩散过程中的渗滤效应。由于颗粒型浆液为浆液颗粒的悬浊液,当浆液注入到被注介质中时,部分浆液颗粒会被介质颗粒构成的骨架所拦截,使得浆液颗粒逐渐滤出,进而导致在浆液扩散范围内浆液浓度降低,被注介质孔隙堵塞,浆液随之留存并加固被注介质。渗滤效应对颗粒型浆液的扩散过程会产生极大的影响。

(2)劈裂注浆理论一般假设劈裂路径为一次性劈开的裂缝,之后浆液在裂缝中完成充填过程,这与实际情况明显不符。在实际劈裂注浆过程中,浆液与被注土体始终是紧密接触的。正是由于土体与浆液的接触压力导致了劈裂通道的形成及发展,在此过程中存在被注土体应力场与劈裂通道内浆液流场的耦合作用,目前对浆液与土体的应力耦合效应缺乏研究。

(3)注浆工程参数确定的经验性和盲目性较强,缺乏浆液在破碎介质中对真实二维或H维扩散路径和规律的研究,包括破碎介质中的结构软弱面。影响浆液扩散效果的因素研究不足,并缺乏对注浆过程关键参数的实时监测,无法为注浆工程提供可靠指导。

5.1.3 本课题研究内容

(1)针对浆液在软弱介质中扩散的力学特征,建立基于"浆-土"界面应力耦合作用和断裂力学理论的劈裂注浆数学模型,并进行注浆影响因素分析。劈裂注浆过程是浆液流场与被注介质应力场相互耦合的过程,基于此建立相应的数学物理模型对劈裂注浆扩散过程的精确描述具有重要意义。对纳维斯托克斯方程进行简化,并获得劈裂通道内部的浆液扩散运动方程;引入轴对称空间圆片状裂缝表面非均匀分布荷载的理论模型,获得劈裂通道宽度控制方程;基于土体应力场与浆液流场的相互作用机制,结合浆液扩散运动方程,建立劈裂通道宽度的空间分布及注浆压力的空间衰减方程;分析劈裂通道宽度及注浆压力的空间衰减规律及浆液参数、土体力学参数对浆液扩散过程的影响。

(2)研究隧道断层破碎带超前帷幕注浆关键技术,并提出关键注浆控制方法。综合应用多种地球物理探测方法、注浆材料及注浆效果评估方法,以理论研究及试验成果为指导,在保证注浆加固效果的前提下,控制注浆扩散范围,有效提高浆材的使用率,并将该技术应用于京广高铁木兰隧道富水断层突水突泥灾害帷幕注浆工程中。

(3)研发了一种复合水泥基-水玻璃双液浆的注浆新材料,以水泥-粉煤灰-矿渣与水玻璃反应体系为基础,形成大量C-S-H胶凝体,双液浆迅速胶凝硬化,对于泥加碎石断层的封堵具有良好的效果。

复合水泥基-水玻璃双液浆材料,以传统水泥-水玻璃双液浆材料为基础,利用粉煤灰、矿渣的潜在碱激发活性,用粉煤灰和矿渣代替部分水泥,建立水泥-粉煤灰-矿渣与水玻璃反应的体系。既具有传统水泥-水玻璃双液浆胶凝时间短、早期强度高的特点,还具有很强的耐久性,最终能形成由低CaO/SiO_2的胶凝体和耐久性很好的无定形类沸石类物质共同构成的密实体结构。

C_4AF 的水化反应方程式具体如下：

$$4CaO \cdot Al_2O_3 \cdot Fe_2O_3 + 4Ca(OH)_2 + 22H_2O \longrightarrow 4CaO \cdot Al_2O_3 \cdot 13H_2O + 4CaO \cdot Fe_2O_3 \cdot 13H_2O$$

在添加水玻璃等强碱性溶液后，在 OPT 离子的作用下，克服富硅相的分解活化能，可以破坏酸性保护膜，OH^- 离子继续渗透进富硅相中，导致 Si—O—Si、Si—O—Al、Al—O—Al 键断裂，矿渣中的玻璃体结构发生解体，生成的 $[SiO_4]^{4-}$、$[AlO_4]^{5-}$、Ca^{2+} 离子注浆进入溶液中，同时在矿渣玻璃体的表面生成大量的硅酸根离子，随着钙离子注浆进入溶液，达到一定的浓度情况下，会在玻璃体表面生成低 CaO/SiO_2 的 C-S-H。

揭示了试验条件下的水泥-水玻璃浆液裂隙动水注浆扩散过程的非对称椭圆（AE）扩散规律，即 3 种典型扩散形式：①全程 AE 扩散；②AE 扩散至裂隙侧边界；③AE 扩散至出口边界。这 3 种典型扩散形式的浆液扩散迹线均可以采用随时间变化的非对称半椭圆进行描述（图 5-2）。

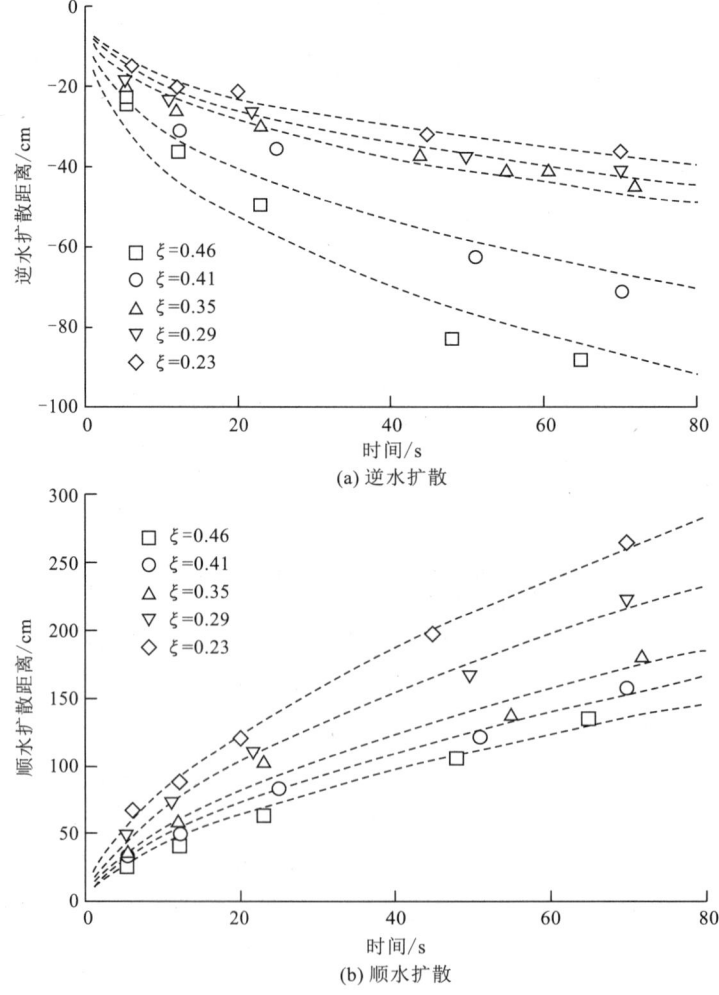

(a) 逆水扩散

(b) 顺水扩散

图 5-2 不同浆水速比条件下 AE 扩散控制参数时间拟合曲线

提出了浆水速比的概念来描述动水流速与注浆速率对浆液扩散过程的综合影响;逆水扩散距离和扩散开度与浆水速比正相关,而浆液顺水扩散距离与浆水速比负相关(图5-3)。

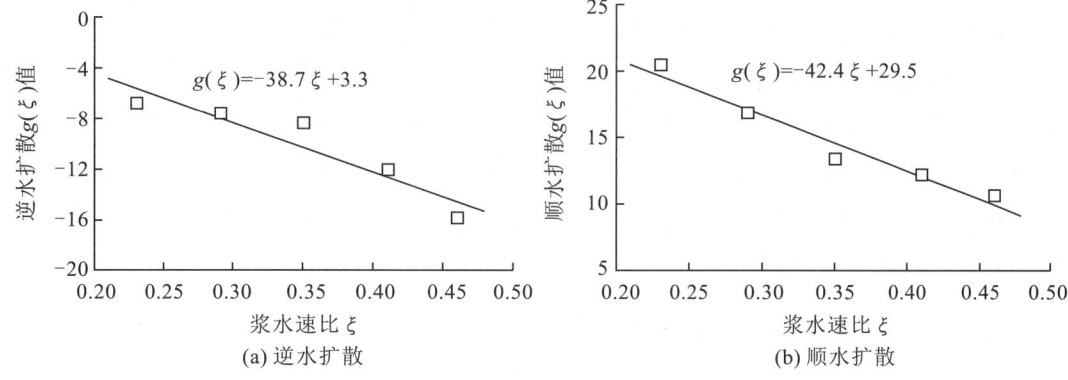

图5-3 不同AE扩散控制参数的 $g(\xi)$-ξ 关系曲线

(4)设计了一套断层泥注浆加固系统,集中了工艺模块、被注介质模块和信息采集模块。注浆后断层泥单轴抗压强度可提升181%~2535%。

致密型断层泥加固后平均抗压强度为0.48MPa,相比加固前提升181%;中密型断层泥加固后平均抗压强度为0.55MPa,相比加固前提升689%;松散型断层泥加固后平均抗压强度为0.79MPa,相比加固前提升2535%。

加固前断层泥越松散,注浆后强度提升幅度越大。这是因为松散型断层泥孔隙率较大,有利于浆液渗透入内;浆液劈裂介质难度较低,也有利于形成大尺寸劈裂浆脉,通过浆脉骨架作用和挤密介质作用联合加固断层泥,强度提升显著(图5-4)。

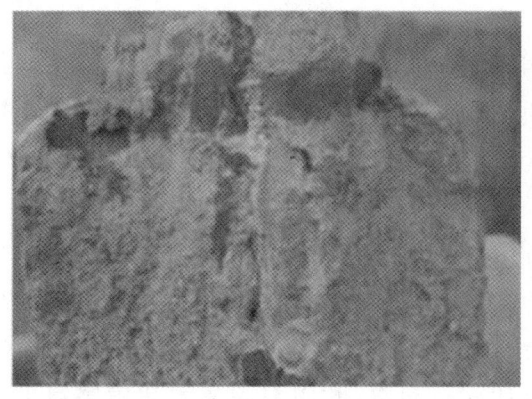

图5-4 骨架式加固模式

5.2 泥质充填断层破碎带的注浆扩散机理

受泥质充填断层介质与浆液性质本身复杂性的限制,单纯通过理论方法所获得的浆液扩散模型很难与实际浆液扩散情况相一致,注浆模型试验可较好地还原真实注浆环境,并且可对更复杂的工况进行模拟,所得到的注浆扩散规律更符合实际。依据京广高铁尖峰顶隧道、木兰隧道、郑万高铁黄家山隧道断层带帷幕注浆工程,采用原状断层泥作为被注介质,研究注浆过程中被注介质应力场及注浆浆脉分布规律,揭示泥质充填断层破碎带注浆加固的主要作用形式。

5.2.1 三维断层带注浆方案设计

5.2.1.1 试验目标

开展三维注浆模型试验,总体研究目标如下。
(1)通过充填隧道断层原状土,最大限度地还原浆液在断层带内的真实扩散状态。
(2)实时监测采集注浆过程中注入压力、注入速率、土压力和渗透压力等关键参数的变化,分析其对于注浆的响应特征。
(3)统计注浆中形成浆脉的尺寸和形态,揭示浆脉发育和赋存特征。
(4)建立注浆浆脉与注浆参数之间的定性或定量关系。

5.2.1.2 介质充填方案

试验使用隧道断层原状土作为充填介质,填入试验腔之前,需经干燥、粉碎、筛选、添加拌和水、均匀搅拌等工序;采用分层法填筑,即试验腔内均匀摊铺黏土,然后逐层夯实,通过各层材料质量、压实厚度两指标控制材料均匀程度;将相邻传感器引线收拔合并,在引线孔中统一引出,最大限度地保障被注介质的均匀性,介质与试验装置侧壁间隙使用玻璃胶进行密封处理,防止注浆中侧壁间隙作为优势通道而影响注浆效果。

5.2.1.3 监测元件埋设方案

本试验共设计 2 个水平监测断面,半径为 15cm,编号分别为 A 和 B,距试验装置顶部高度分别为 15cm、35cm。其中,断面 A 设置土压传感器 2 个、渗压传感器 2 个,其中水平渗压与水平土压相对布置,垂向土压和垂向渗压相对布置;断面 B 设置土压传感器 1 个、渗压传感器 1 个,两者相对布置,纵向上分别与上层水平渗压和水平土压位置相对应。传感器具体类型和编号如表 5-1 所示。

以上监测元件可监测注浆过程中各断面土压力、渗透压力变化情况(图 5-5)。

5.2.1.4 注浆方案设计

根据京广高铁尖峰顶隧道帷幕注浆工程实际工况,水泥-水玻璃浆液是最重要的注浆浆液之一,因此对其注浆扩散特征展开重点研究,注浆总体参数设计为注浆孔 J_1,注浆 1 次,注浆终压 160kPa,水泥-水玻璃配比选取为 C∶S=3∶1。其中水泥采用南方水泥厂生产的普通硅酸盐水泥,符合《硅酸盐水泥、普通硅酸盐水泥》(GBH175—1999)标准,基本参数如表 5-2 所示;水玻璃选用市售常用水玻璃,模数 $M=3.0$,浓度 $Be'=40$,密度为 1.38g/cm^3。

表 5-1 各断面监测元件类型和编号

断面编号	传感器类型及数量	传感器编号
A	土压传感器 2 个 渗压传感器 2 个	LAHSP、LAVSP LAHSEP、LAVSEP
B	土压传感器 1 个 渗压传感器 2 个	LBVSP LBVSEP

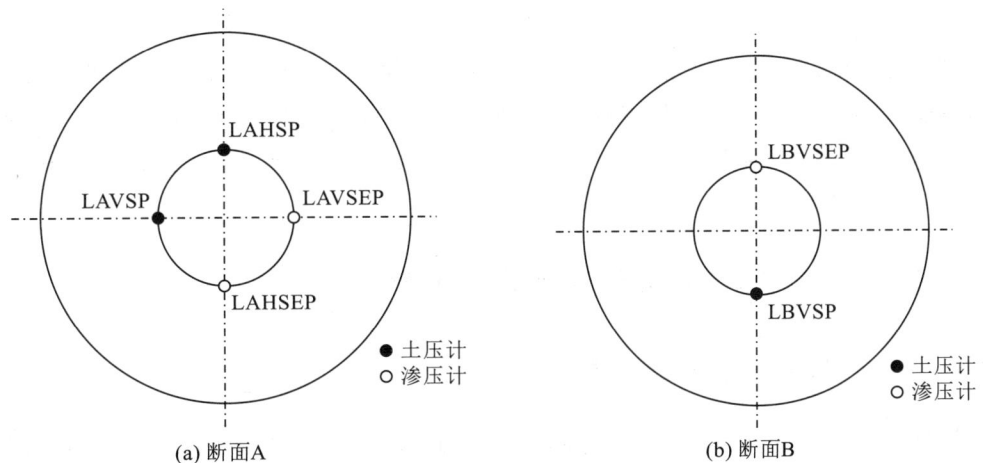

图 5-5 监测元件埋设示意图

表 5-2 水泥浆液基本参数

水灰比 W∶C	相对质量 $\rho/(\text{g}\cdot\text{cm}^{-3})$	结石率/%	凝胶时间	
			初凝 t_1	终凝 t_2
1∶1	1.40	85	14h56min	24h27min

5.2.1.5 关键试验环节

本试验主要包括以下几个关键环节。

(1) 制备材料、填筑材料、制备浆液,充填材料取自隧道突泥涌出物,配制注浆浆液,采用电动搅拌器将水泥浆液充分搅拌,不能长时间静置。

(2) 注浆管路连接、试验装置组装及紧固。使用快插头连接注浆管路,在关键接触部位进行密封工作,通过注水试验检验其连通性和密封性,保证管路畅通,试验装置组装时需使用高强螺栓加强紧固,谨防较高注浆压力带来的安全隐患,关键接触部位使用橡胶垫保证密封性。

(3) 监测传感器预埋、数据采集系统调试。按照监测设计方案将传感器分别埋入既定位置。需特别注意的是,要尽可能消除传感器引线对注浆扩散路径的影响,引线在试验台架上的集中引出部位需使用大量密封胶处理,以防浆液泄露,引线接入数据采集系统后进行系统调试,检验监测元件的数据有效性并记录相应位置。

(4) 注浆试验、数据采集。准备就绪之后开始注浆试验。通过注浆管路注入水泥-水玻璃浆液,其间采用摄像机实时拍摄压力表读数,当注浆压力达到设计终压时停止注浆,应变式接收仪实时采集渗透压力和土压力数值,注浆结束后尽快冲洗管路,避免浆液凝固阻塞管路。

(5) 注浆加固体开挖及记录,注浆试验结束后静置 24h,待浆液初步凝固后进行注浆加固体脱模、开挖环节,开挖过程遵循"由上而下、由外而内"的原则,每次开挖步长控制在 5~10cm,使用照相机、摄像机、画纸等工具实时记录浆脉尺寸、位置等关键现象,最终形成浆脉整体分布图。

5.2.2 三维注浆扩散试验监测参数分析

5.2.2.1 注浆压力和速率变化特征

注浆过程采用注浆记录仪全程记录注浆压力和速率变化特征,注浆记录仪具有全自动、采集数据精确、采集频率高、数据可实时显示等优点,通过在注浆管路设置注浆压力和注浆速率采集模块,将监测信息实时传递至电子计算机及相关配套软件。

注浆记录仪全程记录注浆试验中压力和速率的变化特征。注浆试验起止时间、持续时间、最大压力和速率等关键参数如表 5-3 所示。

表 5-3 注浆过程关键参数

起始时间	终止时间	持续时间/s	最大注浆压力/MPa	最大注浆速率/(L·min^{-1})
10:27:28	10:32:28	300	0.16	2.14

分析注浆压力、注浆速率和累计注浆量变化曲线可得出如下结论。

(1)由图5-6和图5-7可知,注浆过程中注浆压力和速率均呈震荡变化特征,即有多个波峰和波谷,且注浆压力与注浆速率关联性极强,大小变化相反,本次注浆试验最大注浆压力和最大注浆速率分别为0.16MPa和2.14L/min。

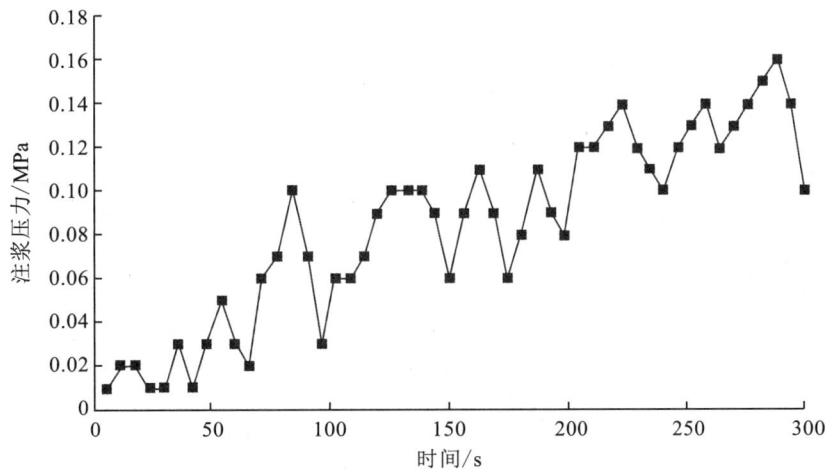

图5-6 注浆压力监测曲线

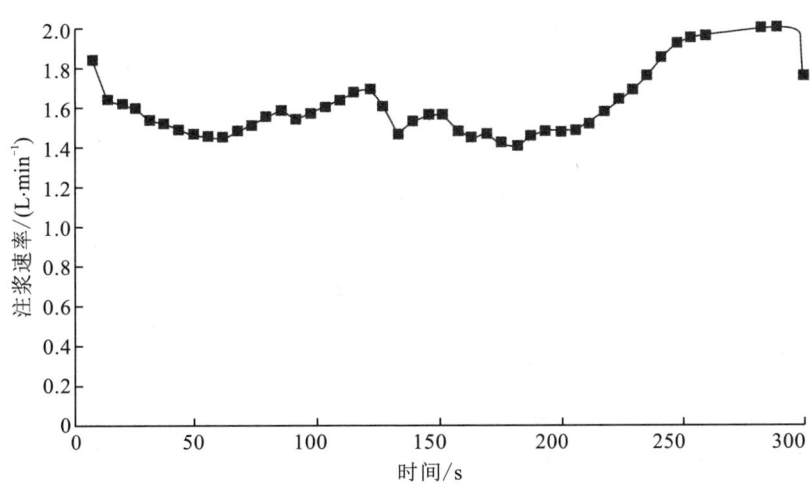

图5-7 注浆速率监测曲线

原因分析:本次试验中,水泥-水玻璃浆液以劈裂为主、挤密和充填为辅的联合作用形式加固断层介质,在挤密阶段,注浆压力不断升高,克服介质的初始应力,此阶段介质局部孔隙率较小,浆液可注性较差,因此注浆速率较小;当注浆压力升高至足以克服介质的初始应力,浆液劈裂介质,注浆压力骤降,介质劈裂后形成较大空间,浆液通过充填作用迅速进入,注浆速率大幅提升。如此经历多个循环,注浆压力和速率因此呈现震荡变化特征。

(2)不考虑注浆管路以及监测元件连接线的体积,本次试验共填充原状土体积 $V=\pi r^2 h=0.113\,1\mathrm{m}^3$,而由图 5-8 可知,本次试验共累计注入水泥-水玻璃双液浆 8.27L,计算可知,介质孔隙率约为 7.3%,即在设计注浆终压为 0.16MPa 的条件下,断层原状土可注入双液浆为自身体积的 7.3%,为实际注浆工程注浆量计算提供了一定的参考依据。

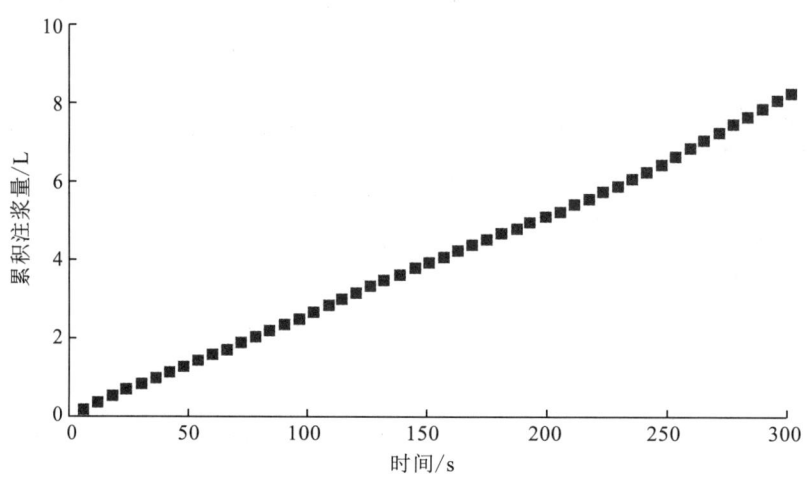

图 5-8 累计注入浆液体积变化曲线

5.2.2.2 注浆过程渗透压力、土压力变化特征

注浆试验中使用应变数据接收仪采集了注浆过程中土压力和渗透压力的变化特征,结果如表 5-4 所示。

表 5-4 各监测元件注浆过程中数据最大值统计表

监测断面编号	监测元件编号	注浆过程最大值/kPa
断面 A	LAHSP	44
	LAHSEP	26
	LAVSP	61
	LAVSEP	33
断面 B	LBVSP	33
	LBVSEP	34

监测断面 A 土压力如图 5-9 所示,注浆过程中土压力变化特征与注浆压力呈现显著的响应特征,即注浆会引起土压力的显著变化,土压力迅速升高至最大值;而在非注浆

时期,土压力呈逐渐衰减状态,并最终趋于稳定。如表 5-4 所示,注浆过程引起监测断面 A 水平和垂向土压力的最大值分别为 44kPa 和 61kPa,垂向土压力相对于水平向土压力增加了 38.6%。

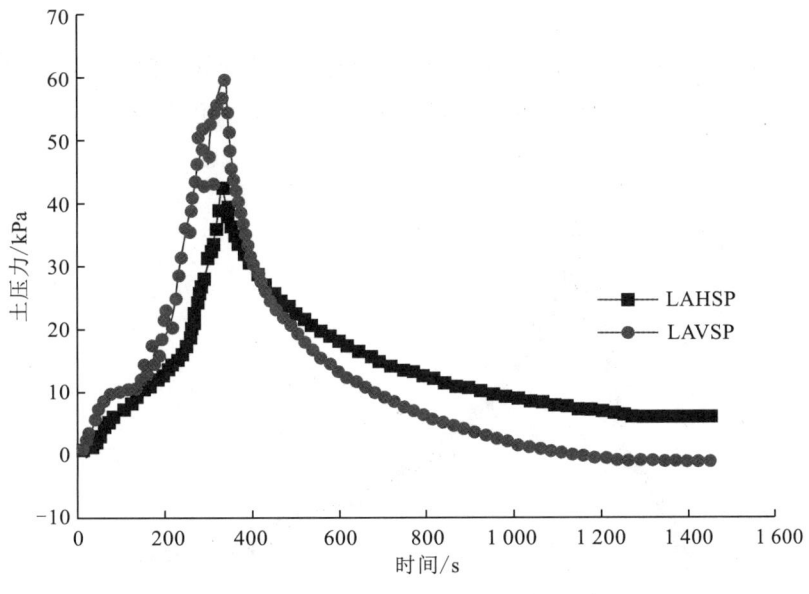

图 5-9 监测断面 A 土压力变化特征

监测断面 A 渗透压力变化特征如图 5-10 所示,与土压力类似,注浆过程也会引起渗透压力的显著变化,在注浆期迅速升高至峰值;而在非注浆期,渗透压力呈逐渐衰减至最终稳定状态。注浆过程引起监测断面 A 水平和垂向渗透压力的最大值分别为 26kPa 和

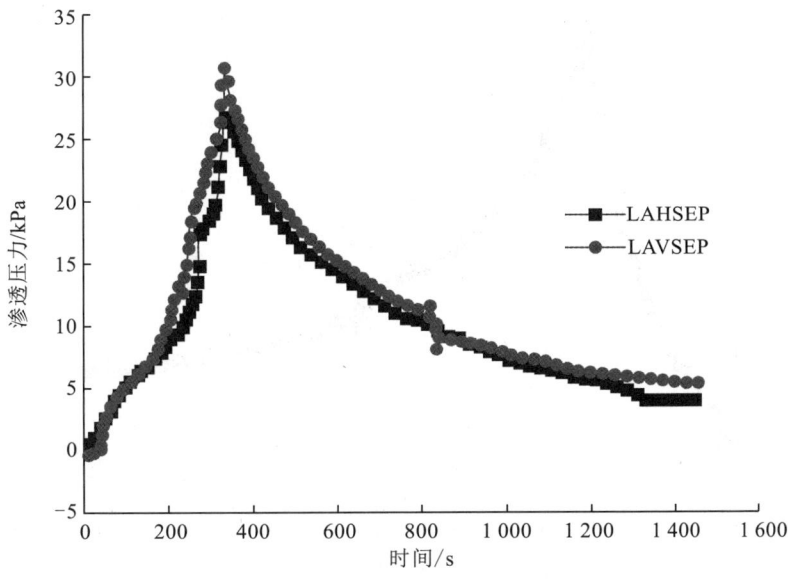

图 5-10 监测断面 A 渗透压力变化特征

33kPa,垂向渗透压力相对于水平向渗透压力增加了26.9%。

监测断面B垂向土压力如图5-11所示,与监测断面A类似,土压力变化特征与注浆压力同样呈现显著的响应特征,注浆过程引起监测断面B垂向土压力的最大值为33kPa。

监测断面B垂向渗透压力如图5-12所示,渗透压力变化特征与注浆压力呈现显著的响应特征,注浆过程引起监测断面B垂向渗透压力的最大值为34kPa。

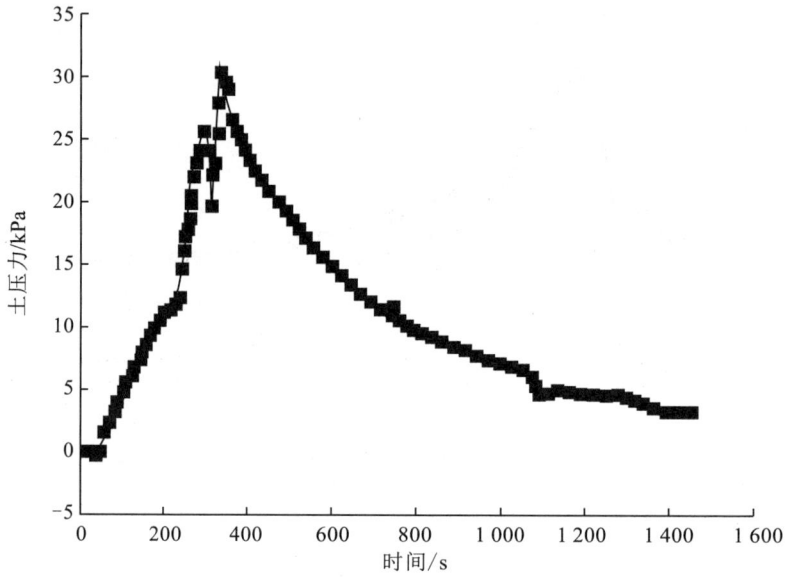

图5-11 监测断面B垂向土压力变化特征

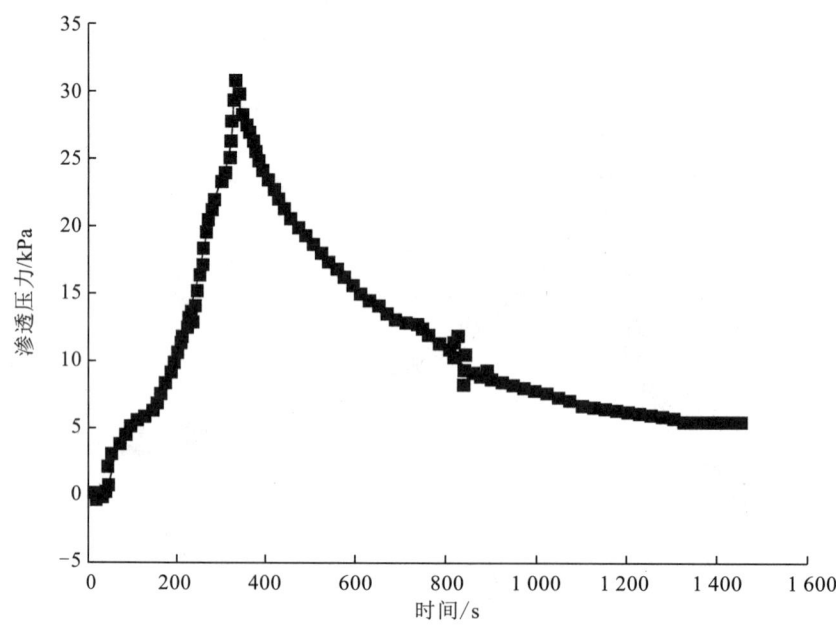

图5-12 监测断面B垂向渗透压力变化特征

5.2.2.3 注浆过程有效应力变化特征

在监测介质土压力和渗透压力的基础上,间接计算出了有效应力的变化特征。

监测断面 A 水平向有效应力变化特征如图 5-13 所示。监测断面 A 水平向有效应力随着注浆进行而升高,在起始阶段略有波动,但总体呈迅速上升趋势,有效应力最大值可达 32kPa。注浆结束后,有效应力呈逐渐耗散状态,最终趋于稳定。

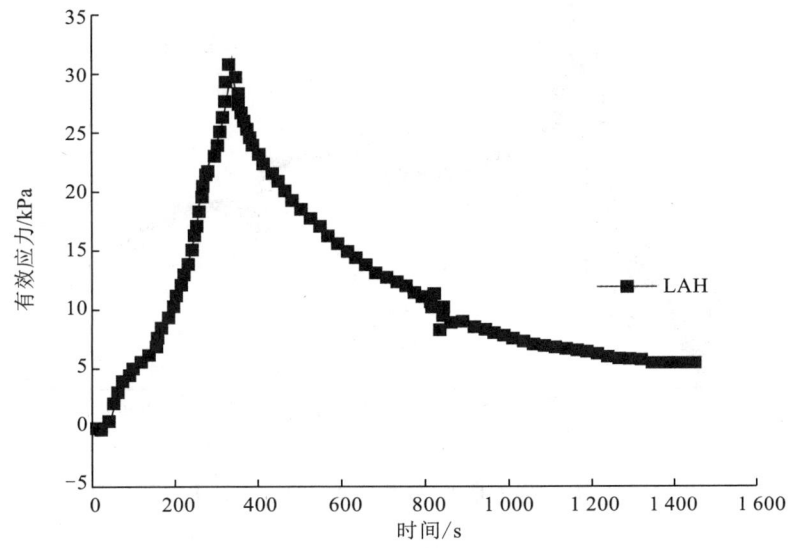

图 5-13 监测断面 A 水平向有效应力变化特征

监测断面 A 垂向有效应力变化特征如图 5-14 所示。

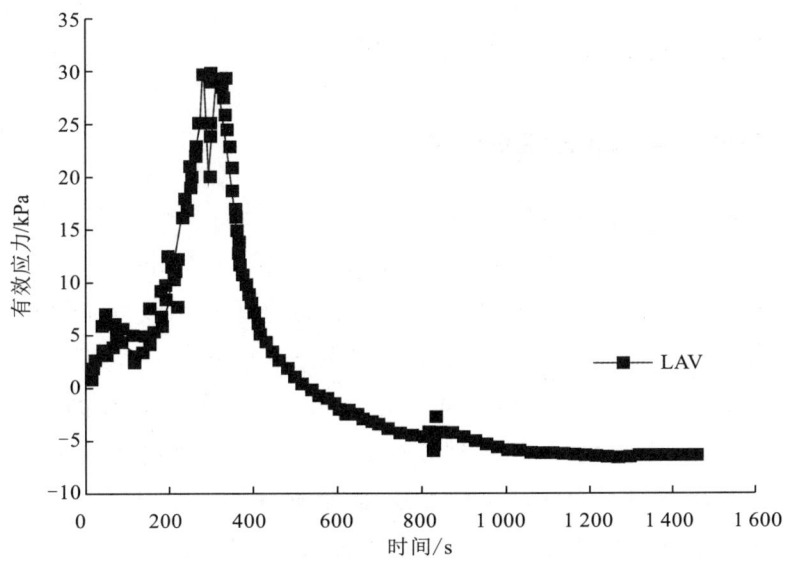

图 5-14 监测断面 A 垂向有效应力变化特征

监测断面 B 垂向有效应力变化特征如图 5-15 所示。监测断面 B 垂向有效应力随着注浆进行而升高,在起始阶段略有波动,但总体呈迅速上升趋势,有效应力最大值为 9.5kPa。注浆结束后,有效应力呈逐渐耗散状态,最终趋于稳定。

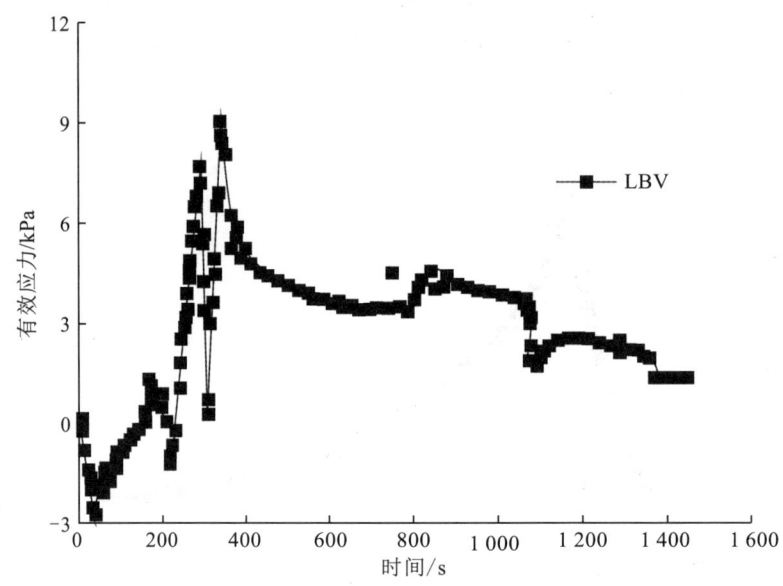

图 5-15 监测断面 B 垂向有效应力变化特征

相对于监测断面 A,断面 B 的垂向有效应力数值较小,这可能是由于浆液扩散方向不均匀导致的,更多的浆液逐渐向注浆孔上部扩散,而下部相对较少,从而使得有效应力较小。

5.2.3 开挖揭露注浆浆脉分布情况

5.2.3.1 开挖、坐标量测及数据处理

注浆结束后将注浆加固体静置 12h,待浆体初步凝结后开挖,开挖方式为沿 Y 轴方向开挖,开挖步长设置为 5cm,根据浆脉空间分布情况,共分 9 个开挖步进行开挖,开挖过程中需注意保持断面的平整度,使用测量尺、绘图尺、记号笔和吊线等工具记录浆脉位置坐标和尺寸变化特征,选取典型断面记录浆脉分布特征进行分析。

以注浆管方向为 X 轴方向(进浆方向为正方向),与注浆管垂直的方向为 Y 方向,建立 H 维坐标系,记录测量点坐标,经数据处理后,浆脉走向及厚度变化特征分析如下。

如图 5-16 所示,在 $Y=-20$cm 开挖断面,浆脉主要分布于注浆管(如图中虚线部分)上部 7~15cm 范围内,浆脉在中间位置厚度最大,可达 3cm,对应坐标为 $X=-2$cm,而浆脉在左右两侧的发育规模逐渐减小。

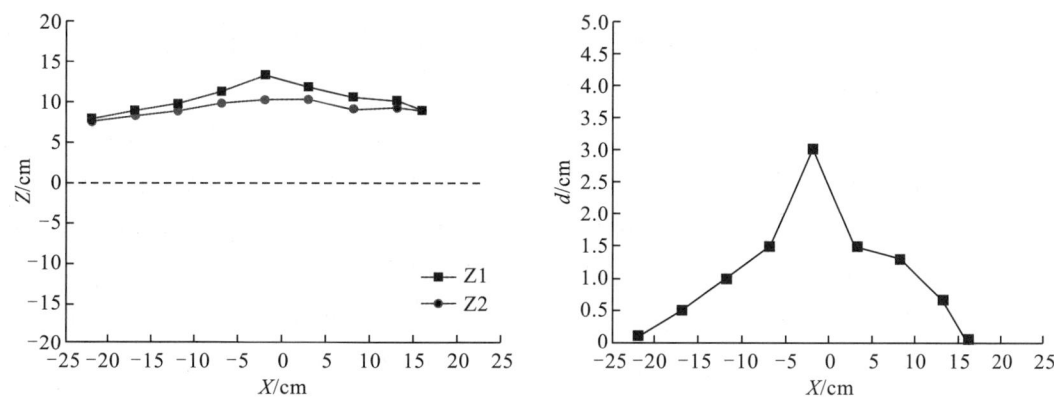

图 5-16 开挖断面浆脉走向及厚度变化

5.2.3.2 浆脉空间分布特征

总结 9 个开挖断面揭露的浆脉分布特征,将其汇总于表 5-5,可以得出如下结论。

(1)注浆过程形成的规模最大的浆脉位于 $Y=-5cm$ 开挖断面,最大厚度可达 13.3cm,其整体位于试验装置右侧区域。

表 5-5 各开挖断面浆脉分布特征汇总

开挖步	断面坐标	浆脉范围	浆脉方位	浆脉最大厚度/cm	对应坐标
1	$Y=-20cm$	注浆管以上 7~15cm	贯穿	3.0	$X=-2cm$
2	$Y=-15cm$	注浆管以下 2.5cm 至以上 14cm	贯穿	8.2	$X=10.7cm$
3	$Y=-10cm$	注浆管以上 13cm	左侧	3.8	$X=-3cm$
4	$Y=-5cm$	注浆管以下 5cm 至以上 20cm	贯穿	13.3	$X=21cm$
5	$Y=0cm$	注浆管以上 13cm	贯穿	4.0	$X=0cm$
6	$Y=5cm$	注浆管以上 2.5~13cm	贯穿	3.2	$X=6cm$
7	$Y=10cm$	注浆管以上 5.5~13.2cm	贯穿	2.8	$X=7cm$
8	$Y=15cm$	注浆管以上 6.4~12.7cm	贯穿	2.8	$X=5cm$
9	$Y=20cm$	注浆管以上 7.7~12.9cm	贯穿	3.0	$X=-7cm$

(2)浆脉仅在 $Y=-10cm$ 开挖断面集中于装置左侧区域,在其他断面,浆脉基本贯穿于装置,但整体发育程度不均衡,浆脉在中部和右侧区域发育程度较高,浆液从中部注浆孔注入介质,因此中部发育程度较高,而右侧发育程度高可能是由于填筑时的介质均匀性

难以控制造成的。

(3)在9个开挖断面中,浆脉分布几乎都集中于注浆管上部,下部仅在少数开挖断面分布少量的浆脉,这同样可能是由于填筑时的介质均匀性难以控制造成的。

(4)在实际注浆工程中,介质本身就会存在强烈的各向异性,浆液扩散方向难以控制,并非均匀性扩散,给注浆孔设计带来极大难题。基于试验结果,实际注浆工程需做好超前探测工作,在详细了解地质条件的基础上,预判浆液的可能走向,通过注浆孔的重点布置和交叉布置,实现不良地质的全面性加固,做到不留加固盲区。

由以上分析可知,大部分浆脉的厚度由模型中部位置向两侧衰减,证实了浆脉厚度空间衰减的趋势是客观存在的,验证了考虑浆脉厚度空间衰减的合理性。

5.3 隧道富水断层破碎带超前注浆参数优选方法

通过模型试验手段或者理论方法得到注浆扩散规律研究结果,仅限于得到局部范围内注浆参数与注浆效果之间的对应关系,获得局部范围内的围岩力学参数,因而无法对宏观的注浆效果进行有效的评价。本书以京广高铁尖峰顶隧道和木兰隧道断层破碎带帷幕注浆工程为背景,考虑隧道掘进过程中渗流场与应力场的耦合作用,建立相应的三维有限元分析模型,对断层、围岩、注浆加固圈、隧道所组成的耦合系统进行系统模拟,从宏观上研究帷幕注浆加固圈的存在对隧道围岩应力场、位移场、渗流场的影响,并通过隧道涌水量及隧道变形量随注浆加固圈厚度的变化规律研究,对帷幕注浆加固圈厚度进行优选,最终选定8m作为京广高铁尖峰顶隧道帷幕注浆加固圈的最优厚度,结果顺利通过断层破碎带。

5.3.1 流固耦合理论

流固耦合效应对隧道围岩变形具有不可忽视的影响,在富水地层隧道掘进工程中体现得尤为明显。隧道掘进导致围岩产生临空面,进而导致围岩应力场及位移场发生重分布,拱顶及两侧壁随之发生位移。同时隧道开挖后掌子面及隧道轮廓面成为地下水排出通道,应力场的变化改变了隧道围岩的孔隙率及渗透率的分布,进而影响了地下水渗流场,最终导致隧道涌水量发生变化。地下水渗流场的变化导致孔隙水压力的分布发生变化。根据有效应力原理,在围岩总应力变化不大时,孔隙水压力与围岩有效应力之和基本维持不变,当孔隙水压力变化时,围岩有效应力也随之改变,进而影响围岩变形。

为简化分析,假定隧道周边岩土体为均匀的多孔介质,其变形符合线弹性假定,破坏准则为摩尔-库伦准则。流体在多孔介质内的流动属于慢速饱和流,可通过达西渗透定律描述。岩土体内部的有效应力和孔隙水压力变化符合有效应力原理,即岩土体总应力为孔隙水压力与岩土体有效应力之和。

5.3.1.1 地下水运动方程

渗流连续性方程：

$$\frac{\partial(\rho v_x)}{\partial x}+\frac{\partial(\rho v_y)}{\partial y}+\frac{\partial(\rho v_z)}{\partial z}=\frac{\partial(\rho\phi)}{\partial t} \tag{5-1}$$

达西运动控制方程：

$$\bar{v}=\frac{k}{\mu}\nabla p \tag{5-2}$$

水压力变化会导致流体体积的改变，地下水的流体状态方程为：

$$\rho=\beta\rho_0 e^{-\beta p} \tag{5-3}$$

式中，ρ 为地下水的密度；v 为渗流速度；ϕ 为岩土体孔隙率；p 为地下水压力；μ 为地下水动力黏度，$\mu=0.001\text{Pa}\cdot\text{s}$；$\rho_0$ 为地下水标准密度，$\rho_0=1\,000\text{kg/m}^3$；$\beta$ 为地下水体积压缩率，$\beta=4\times10^{-10}\text{Pa}$。

5.3.1.2 岩土体变形控制方程

建立直角坐标系描述岩土体的受力及变形方程。岩土体应力平衡方程为：

$$\begin{cases}\dfrac{\partial\sigma_x}{\partial x}+\dfrac{\partial\tau_{yx}}{\partial y}+\dfrac{\partial\tau_{zx}}{\partial z}+f_x=0\\[4pt]\dfrac{\partial\tau_{xy}}{\partial x}+\dfrac{\partial\sigma_y}{\partial y}+\dfrac{\partial\tau_{zy}}{\partial z}+f_y=0\\[4pt]\dfrac{\partial\tau_{xz}}{\partial x}+\dfrac{\partial\tau_{yz}}{\partial y}+\dfrac{\partial\sigma_z}{\partial z}+f_z=0\end{cases} \tag{5-4}$$

岩土体变形几何方程为：

$$\begin{cases}\varepsilon_x=\dfrac{\partial u}{\partial x},\ \varepsilon_y=\dfrac{\partial v}{\partial y},\ \varepsilon_z=\dfrac{\partial w}{\partial z}\\[4pt]\gamma_{xy}=\dfrac{\partial v}{\partial x}+\dfrac{\partial u}{\partial y}\\[4pt]\gamma_{xz}=\dfrac{\partial w}{\partial x}+\dfrac{\partial u}{\partial z}\\[4pt]\gamma_{yz}=\dfrac{\partial v}{\partial z}+\dfrac{\partial w}{\partial y}\end{cases} \tag{5-5}$$

岩土体变形本构方程：

$$\begin{cases}\varepsilon_x=\dfrac{1}{E}[\sigma_x-v(\sigma_y+\sigma_z)],\ \gamma_{yz}=\dfrac{2(1+v)}{E}\tau_{yz}\\[4pt]\varepsilon_y=\dfrac{1}{E}[\sigma_y-v(\sigma_x+\sigma_z)],\ \gamma_{xz}=\dfrac{2(1+v)}{E}\tau_{xz}\\[4pt]\varepsilon_z=\dfrac{1}{E}[\sigma_z-v(\sigma_y+\sigma_x)],\ \gamma_{xy}=\dfrac{2(1+v)}{E}\tau_{xy}\end{cases} \tag{5-6}$$

式中,σ_x、σ_y、σ_z、τ_{xy}、τ_y、τ_z 为岩土体应力;E 为弹性模量;v 为泊松比;ε_x、ε_y、ε_z、γ_{yz}、γ_{xz}、γ_{yx} 为岩土体所受到的体积应变。

5.3.1.3 有效应力原理

帷幕注浆加固体及隧道围岩中孔隙水压力与岩土体有效应力满足有效应力原理:

$$\sigma_{总} = \sigma + p \tag{5-7}$$

式中,σ 为岩土体有效应力;p 为水压力;$\sigma_{总}$ 为总应力。

4. 岩土体孔隙率及渗透率控制方程

岩土体孔隙率由岩土体初始孔隙率及围岩受力状态决定的,岩土体孔隙率控制方程为:

$$\varphi = \frac{\varphi_0 + \varepsilon_v + (1-\varphi_0)\Delta p/K_s}{1+\varepsilon_v} \tag{5-8}$$

式中:φ_0 为初始孔隙率;ε_v 为体积应变,$\varepsilon_v = \frac{\partial u}{\partial x} + \frac{\partial v}{\partial y} + \frac{\partial w}{\partial z}$ 为岩土体固有参数;Δp 为有效应力变化量。

岩土体渗透率决定于岩土体孔隙率,科泽尔-卡尔曼方程描述的便是渗透率与孔隙率的关系方程:

$$K = K_0 \frac{1}{1+\varepsilon_v}\left(1+\frac{\varepsilon_v}{\varphi_0}\right)^3 \tag{5-9}$$

式中,K_0 为初始渗透率。

5.3.2 隧道开挖数值模型创建

有限元模型由隧道围岩、断层带、加固圈和隧道组成,隧道周围岩体为饱水状态。由于距离掌子面附近区域未施工二衬支护,所以在有限元模型中未计入二衬对隧道变形及涌水的影响。尖峰顶隧道轮廓线横向长度为 12.4m,隧道埋深 180m,在有限元模型中在隧道左右两侧及下侧应力影响范围内均留设围岩,隧道应力影响范围设定为洞径的 3 倍,即 37.2m。隧道埋深较大,建立模型时在隧道上方留设 80m 厚的岩土体,之后在模型上边界施加 100m 岩土体所具有的重力荷载,并施加同等厚度水层所具有的静水压力,近似模拟隧道在真实地层中的受力状态。

隧道模型尺寸如图 5-17 所示,模型横断面宽度为 86.8m,高度为 120.91m,注浆加固圈厚度为 d,模型纵断面长度为 150m,断层带基本位于两侧围岩的中间,断层厚度 50m,断层倾角 85°。帷幕注浆加固圈长度为 30m,加固圈位置设置于隧道即将进入断层处,隧道在加固圈内开挖至一定深度后即停止开挖,留设一定厚度的帷幕注浆体作为阻止突水突泥发生的防突体。

隧道围岩及断层渗流场、应力场、位移场关于通过隧道中心的竖直平面对称,在建立

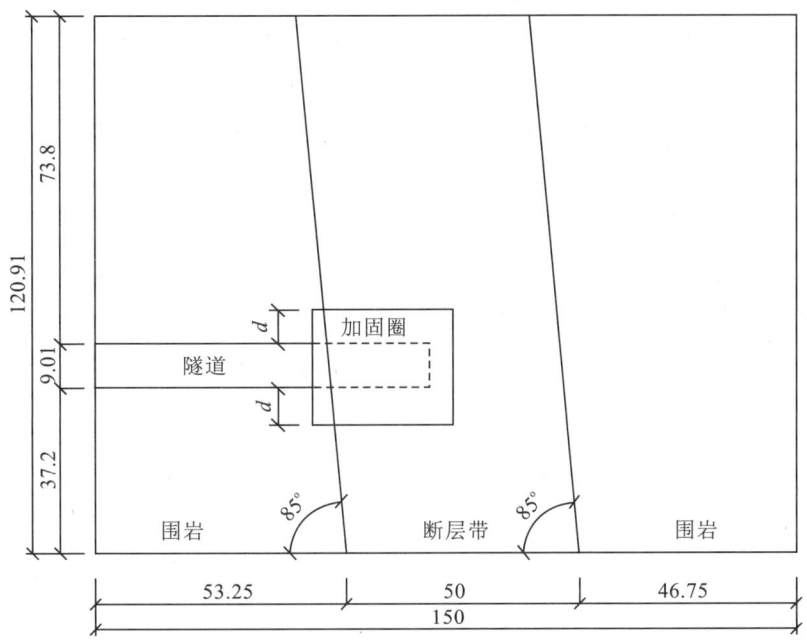

图 5-17 隧道模型尺寸(单位:cm)

有限元模型时,取对称面一侧建立模型,隧道及加固圈均取一半进行研究(图 5-18)。在通过隧道中心的对称面设置渗流及应力对称边界;在模型上部设置水压及地应力加载边界,地应力大小为 2MPa,水压力大小为 1MPa;在模型四周除了对称边界外的其他 3 个边

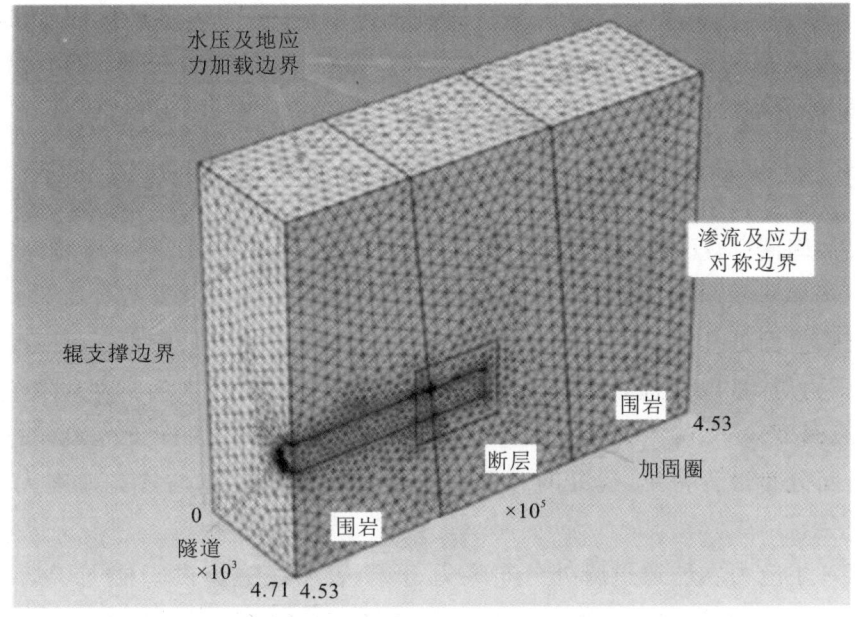

图 5-18 有限元模型网格剖分及边界设定

界设置无支撑边界,限制该边界处的水平位移为 0,3 个边界同时设置为无流动边界,地下水在 3 个边界的通量为 0,模型下边界设置为固定边界,作为整个模型计算的基准,同时下边界设置为无流动边界,地下水在下边界的通量为 0;考虑到隧道开挖轮廓面及掌子面处孔隙水压力为零,也不受外力限制变形的影响,所以设置该边界为渗流自由出流边界以及自由变形边界。

相比于隧道围岩,尖峰顶隧道 F_2 断层破碎带围岩破碎、承载能力差,其弹性模量低于隧道围岩,但是渗透率高于隧道围岩,参照现场围岩力学参数试验及工程实践,按照表 5-6 选取围岩及断层破碎带力学参数。

表 5-6 模型计算参数

材料名称	密度/ ($\times 10^3$ kg·cm^{-3})	弹性模量/ GPa	泊松比	内摩擦 角/(°)	黏聚力/ MPa	渗透率/ m^2	孔隙率
围岩	2.03	4.6	0.31	33	0.41	9.72×10^{-14}	0.21
断层破碎带	1.88	1.2	0.44	24	0.17	2.98×10^{-13}	0.29

注浆加固圈是断层破碎带经注浆治理后所形成的圆筒状注浆加固体,其强度较高,但渗透性弱,有效降低隧道涌水量及隧道变形量,其力学参数随注浆材料、注浆工艺、钻孔布置的不同而有所不同,其加固厚度、加固圈弹性模量、渗透率、防突体厚度对隧道工程稳定都具有重要的影响,根据其对隧道稳定及涌水量的影响,从而确定最优注浆加固圈参数。注浆加固圈渗透率变化范围为 $1.5 \times 10^{-15} \sim 3 \times 10^{-15}$ m^2,弹性模量变化范围为 $2.4 \sim 30$ GPa,加固圈厚度变化范围为 $1 \sim 16$ m。

5.3.3 渗流场及围岩变形规律分析

取注浆加固圈厚度为 8m,加固圈渗透率 2.1×10^{-14} m^2,加固圈弹性模量 8.8GPa,隧道在帷幕注浆加固圈内掘进 25m,分析隧道围岩渗流场及围岩变形规律。

在隧道临空面处孔隙水压力为零,所有临空面处围岩孔隙水压力最低,距离临空面越远,孔隙水压力越高,说明远处受隧道开挖的影响较小。地下水由远处向隧道临空面汇集,远处渗流速度较小,临空面处渗流速度最大。由等压力面的分布可知,隧道临空面附近的等压力面分布最为密集,远处的等压力面分布较为稀疏,这与渗流速度大小的分布趋势一致。

围岩第一主应力在隧道拱脚处分布最为密集,表明在隧道拱脚处围岩最容易发生破坏。断层及隧道拱脚处围岩体积应变最大,注浆加固圈的体积应变均比较小,说明注浆可有效加固隧道围岩。断层处的体积应变比隧道围岩大,说明断层抵抗变形的能力较差。

在隧道轮廓线上,隧道拱脚处的体积应变相比隧道其他位置较大,拱脚处的第一主应力与体积应变分布都表明,隧道拱脚处最容易发生变形破坏。

5.3.4 注浆加固圈厚度优选

对应加固圈不同渗透率,按照表5-7工况进行计算,分析注浆加固圈不同厚度对隧道涌水量的影响,并将隧道拱顶变形的监测点设置在距离隧道掌子面后方5m处的隧道轮廓线最高点,分析隧道变形规律,数值模拟结果见图5-19、图5-20。

表5-7 不同加固圈渗透率所对应的工况

加固圈厚度/m	工况	加固圈弹性模量/GPa	加固圈渗透率/m²
1~16	1	10	1.5×10^{-13}
	2		6×10^{-14}
	3		3×10^{-14}
	4		6×10^{-15}
	5		3×10^{-15}

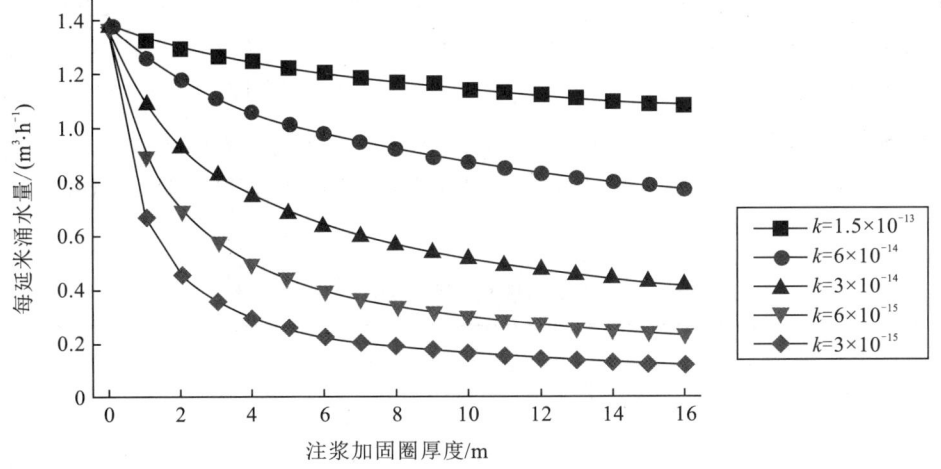

图5-19 隧道渗水量与注浆加固圈厚度的关系

隧道涌水量随着注浆加固圈厚度的增加而逐渐减小,注浆加固圈厚度的增加有利于隧道抗渗性的增加,可防止隧道涌水灾害,但是当注浆加固圈厚度比较大时,注浆加固圈厚度对隧道涌水量的影响较小。隧道涌水量与注浆加固圈渗透率呈负相关关系,加固圈渗透率越低,隧道周围围岩抗渗性越好,在实际工程中应首先通过优选注浆材料、注浆工艺等手段使注浆加固圈渗透率达到尽可能低。

注浆加固圈厚度的增加导致隧道拱顶沉降相应减小,同隧道涌水量的变化趋势具有一致性,当注浆加固圈厚度增加到一定程度时,注浆加固圈厚度的增加对减小隧道拱顶沉

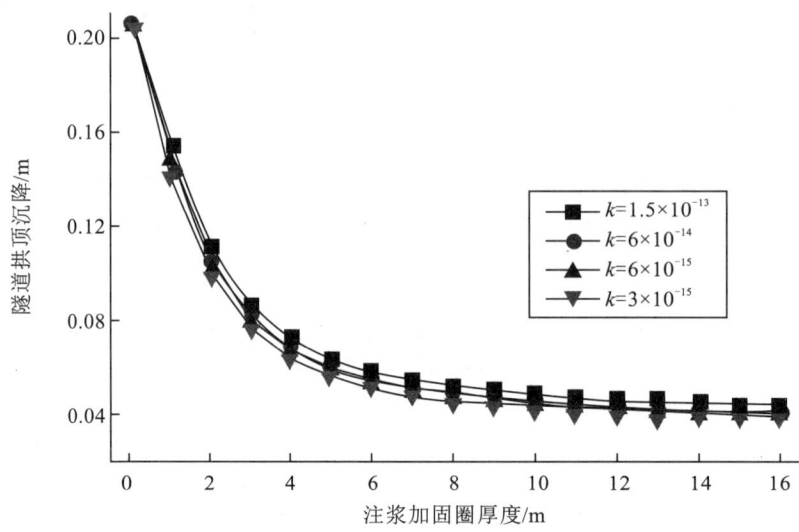

图 5-20 隧道拱顶沉降与注浆加固圈厚度的关系

降效果不是很大,考虑到经济因素,注浆加固圈厚度不宜过大。注浆加固圈渗透率变化对隧道变形有一定影响,渗透率较高时对应的隧道拱顶沉降稍大于渗透率较低的情况,这说明流固耦合效应对隧道变形过程确实有影响,在实际工程中不可盲目忽略流固耦合效应对隧道变形的影响。

对应加固圈不同弹性模量,按照表 5-8 工况进行计算,分析隧道变形量随注浆加固圈厚度的变化规律,不同加固圈弹性模量条件下隧道拱顶沉降与注浆加固圈厚度的关系见图 5-21。

表 5-8 不同加固圈弹性模量对应的工况

加固圈厚度/m	工况	加固圈弹性模量/GPa	加固圈渗透率/m²
1~16	1	2.4	3×10^{-14}
	2	5	
	3	10	
	4	20	
	5	30	

分析图 5-21 可知:随着注浆加固圈厚度的增加,隧道拱顶沉降逐渐减小,在加固圈厚度较小时,隧道拱顶沉降对注浆加固圈厚度变化非常敏感,加固圈厚度的变化会引起拱顶沉降的大幅下降,但是当注浆加固圈厚度的增加到一定值时,加固圈厚度的增加对隧道拱顶沉降的影响较小。加固圈弹性模量的增加会导致隧道拱顶沉降变小,应优先采取措施增加注浆加固圈的弹性模量。

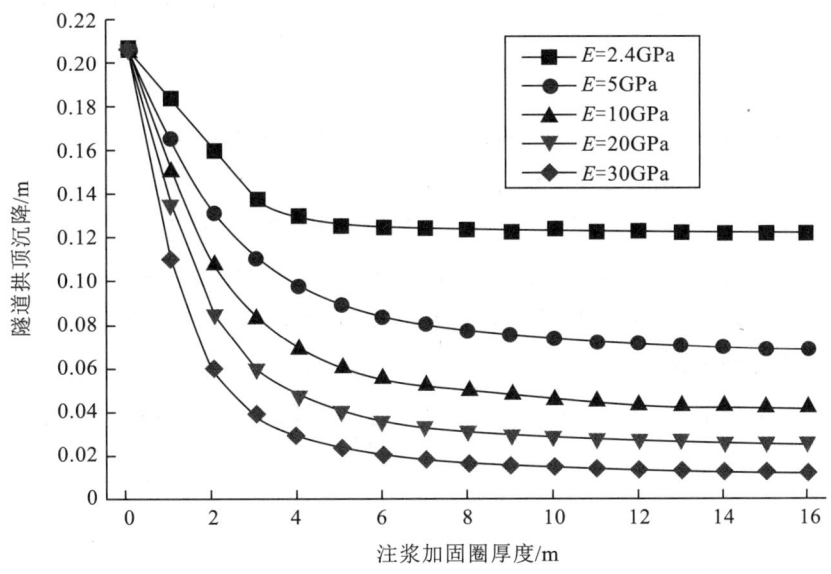

图 5-21 隧道拱顶沉降与注浆加固圈厚度的关系

通过对注浆加固圈不同渗透率、弹性模量条件下,隧道拱顶沉降、隧道涌水量随注浆加固圈厚度的变化规律分析可知:当注浆加固圈厚度小于 8m 时,增加注浆加固圈厚度对隧道涌水量的减小及隧道拱顶沉降量的减小均具有显著的控制效果;当厚度大于 8m 时,注浆加固圈厚度的增加对隧道涌水量及围岩变形控制效果较小。因此,确定尖峰顶隧道注浆加固圈最优厚度为 8m,隧道帷幕注浆工程在实际施工时,注浆加固圈厚度设计为 8m,现隧道已实现顺利贯通。

5.4 本章小结

(1)试验注浆方案采用单管单孔方式,分析浆液在全空间范围内扩散特性,通过多元监测元件的分层布设,监测被注介质全空间范围内注浆响应特征。

(2)由于水泥-水玻璃浆液以劈裂为主、挤密和充填为辅的联合作用形式加固断层介质,注浆过程压力和速率均呈振荡变化特征,即有多个波峰和波谷,且注浆压力与注浆速率关联性极强,大小变化相反,注浆压力和速率作为最重要的两个响应参数实时反映浆液扩散路径;各监测断面渗透压力和土压力数值在注浆过程响应明显,随着注浆时间增加迅速升高,并在注浆结束后逐渐耗散。

(3)采用沿 Y 轴方向开挖模式开挖注浆加固体,设定开挖步长为 5cm,从 $Y=-20$cm 到 $Y=20$cm 设置 9 个开挖步进行浆脉揭露,浆脉最大厚度可达 13.3cm,浆脉仅在 $Y=-10$cm 开挖断面集中于装置左侧区域,在其他断面浆脉基本贯穿于装置,但整体发育程度不均衡,浆脉在中部和右侧区域发育程度较高;浆脉分布几乎都集中于注浆管上部,下部仅在少数开挖断面分布少量的浆脉。试验形成的机理对于注浆工程设计具有重要的参考价值。

（4）基于流固耦合理论建立了考虑隧道围岩渗流场与应力场相互影响的隧道开挖有限元模型，分析了注浆加固所引起的隧道围岩宏观力学行为变化规律。

（5）围岩第一主应力在隧道拱脚处分布最密集，表明在隧道拱脚处围岩最容易发生破坏。断层及隧道拱脚处围岩体积应变最大，注浆加固圈的体积应变均比较小，说明在断层内部对隧道围岩进行注浆，可明显改善隧道周边围岩变形情况。

（6）当注浆加固圈厚度较小时，注浆加固圈厚度的增加对隧道涌水量的减小及变形量的减小均具有显著的控制效果；当厚度大于一定值时，注浆加固圈厚度的增加对隧道涌水量及围岩变形控制效果较小。最终确定尖峰顶隧道帷幕注浆加固圈最优厚度为8m。

6 泥质充填断层破碎带整治关键技术

对泥质充填断层带岩层破碎情况的系统了解和含导水构造的正确认识是防治对策建立及实施的必要前提,也是注浆扩散规律应用的必备条件。准确的超前地质探测及预报、科学的整治方案和有效的注浆效果评估是成功治理灾害的重要保障。本章从工程实践的角度出发,依托京广高铁尖峰顶隧道、木兰隧道和郑万高铁黄家沟富水断层突水突泥灾害帷幕注浆工程,综合应用多种地球物理探测方法、新型注浆方法和工艺,配合新型注浆材料以及综合注浆效果评估方法,以本书课题所取得的劈裂扩散理论及室内注浆扩散试验成果为指导,提出了阶梯式恒压静定终压控制注浆技术,并在该注浆工程中取得了比较理想的治理效果。

6.1 阶梯式恒压静定终压控制注浆技术理论

在以往的注浆工程实践中,往往以达到设计终压为结束注浆的标准,这是出于对所加固围岩承载能力及围岩稳定性的考虑,同时浆液也能较好地充填裂隙岩体。在断层破碎带围岩等级不是很高时,一般都能取得比较好的治理效果,但针对尖峰顶隧道和黄家沟隧道富水断层带这种具有充填物软弱破碎、含水量大、静水压力大等极复杂的断层破碎带围岩,传统的注浆工艺不能很好地兼顾封堵突涌水与加固围岩的双重效果,此时需要根据现场注浆过程中的反馈信息,及时动态调整注浆速率与浆液配比,从而最大限度提高受注地层的浆液充填率、提高裂隙及孔隙岩体内的浆液饱和度,通过分段式控制注浆终压,最终达到提高断层破碎带整体注浆量、强化注浆效果的目的。阶梯式恒压静定终压控制注浆技术的核心是注浆速率阶梯式控制注浆工艺。

工程实践证明,在尖峰顶隧道断层破碎带注浆治理过程中,恒定流速注浆条件下注浆压力上升较快,理论上达到注浆设计结束终压即可停止注浆,但针对治理段(DK1091+330~DK1091+355)存在承压含水体静水压力大、围岩软弱破碎地层,设计终压太高会造成围岩失稳破坏,注浆压力上升极快的特殊情况。为提高注浆量,有效封堵围岩裂隙水和加固围岩,提出了注浆速率阶梯式控制注浆工艺。按照注浆速率划分为高速率注浆、中速率注浆和低速率注浆3个阶段。在注浆前期选择较大的注浆速率,达到注浆终压后降低注浆速率,此时浆液由高速率挤密充填状态转变为低速率慢渗状态,有利于加固体的充分强化。图6-1为注浆速率阶梯式控制注浆工艺示意图。

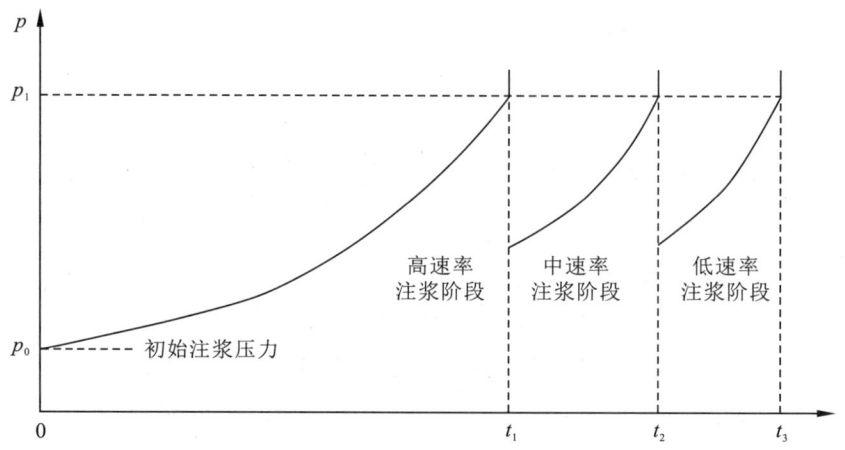

图 6-1 注浆速率阶梯式控制注浆工艺示意图

6.1.1 基于广义宾汉体时变性的优势劈裂注浆机制研究

工程实践中使用的水灰比 W∶C＝0.8～1.0 的水泥浆、水泥-黏土浆和水泥基速凝浆液均属于广义宾汉流体。以工程中常见的水泥-水玻璃双液浆（C-S 双液浆）作为研究对象，进行相关理论研究。

6.1.1.1 广义宾汉流体本构方程

广义宾汉体浆液是一种塑性流体，考虑到浆液运动所需的屈服剪切力及塑性黏度时变特征，其本构方程如下：

$$\tau = \tau_0 + \mu(t)\dot{\gamma} \tag{6-1}$$

式中，τ 为浆液的剪切应力；τ_0 为屈服剪切力；$\mu(t)$ 为浆液塑性黏度；$\dot{\gamma}$ 为剪切速率。

C-S 双液浆黏度时变特征可利用幂率函数表征为：

$$\mu(t)\gamma = kt^n \tag{6-2}$$

式中，k，n 为浆液黏度时变参数，其中 k 为 $8.43 \times 10^{-4} \sim 1.86 \times 10^{-2}$ 之间，$n = 2.066 \sim 2.649$。

6.1.1.2 单一平板优势劈裂扩散模型

(1) 基本假设如下。

① 假设浆液在优势结构面内径向劈裂扩散，且一次性形成半径足够大的劈裂缝。

② 浆液为广义宾汉流体，浆液运动过程中流型不变，只是黏度存在时变性。

③ 浆液运动中除注浆孔附近外，其余位置浆液运动视为层流。

④ 浆液运动中，固壁边界无滑移条件成立。

⑤假定平板裂隙壁面光滑,隙宽均匀无变化。

基于以上假设,建立单一平板优势劈裂扩散模型如图 6-2 所示。

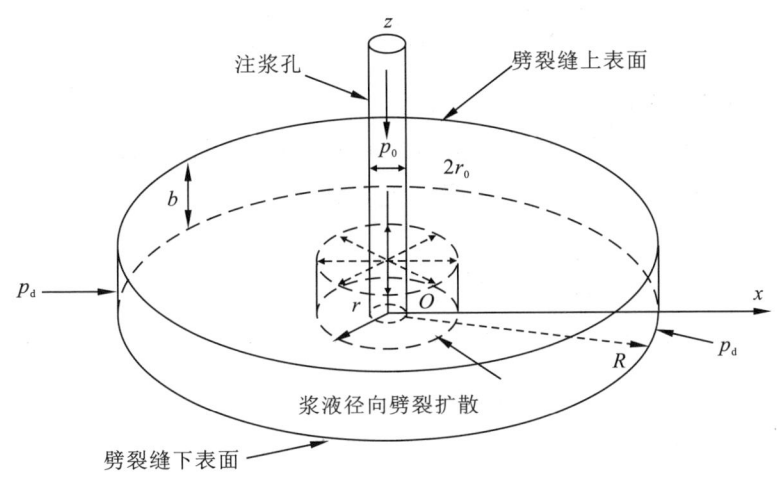

图 6-2 单一平板优势劈裂扩散模型

r_0 为注浆孔半径;p_0 为孔口注浆压力;p_d 为被注岩体启劈压力;
R 为最大劈裂扩散距离;b 为劈裂缝宽度

天然结构面内充填有泥质物,结构面宽度呈起伏状态,浆液扩散形态不一定是呈平面径向辐射状的圆形劈裂面,但与浆液实际劈裂扩散形态比较接近,因此,上述假设总体上符合实际情况。

(2) 截面剪切力与速度分布。浆液在开度均匀的单一平板裂隙运动,具有轴对称性,可简化为二维问题(图 6-3)。

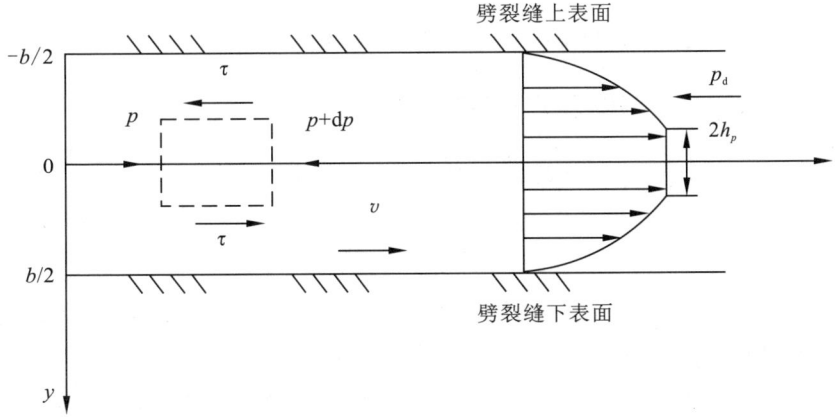

图 6-3 单元体平衡分析

分析平板裂缝中流体沿 x 方向层流运动,在板内取以 $y=0$ 为对称轴,长为 dx 的流体单元。流体单元段两端压力为 $p+dp$ 和 p,上、下表面所受剪切应力为 τ,其方向与流

速方向相反。考虑浆液重力,由宾汉体连续方程及运动方程可知:

$$\tau = Ay \tag{6-3}$$

式中,$A = \dfrac{\mathrm{d}p}{\mathrm{d}x} - F_x = \dfrac{\mathrm{d}p}{\mathrm{d}x} - \rho g \sin\alpha \cos\theta$;$\rho$ 为浆液密度;g 为重力加速度;α 为裂隙倾角;θ 为浆液扩散方向方位角。

广义宾汉体运动可划分为流核区整体运动和剪切区相对运动两部分。通过单元体受力平衡分析,可求得截面上剪应力和速度分布函数。

剪切力分布方程为:

$$\begin{cases} \tau = 0 \ (-h_p < y < h_p) \\ \tau = Ah_p = \tau_0 \ (y = \pm h_p) \\ \tau = Ay \ (-h_p \geqslant y \geqslant -b/2,\ h_p \leqslant y \leqslant b/2) \\ \tau = \dfrac{Ab}{2} \ (y = \pm b/2) \end{cases} \tag{6-4}$$

速度分布方程为:

$$v = \begin{cases} -\dfrac{1}{\mu(t)}\left[\dfrac{1}{2}A\left(\dfrac{b^2}{4} - h_p^2\right) - \tau_0\left(\dfrac{b}{2} - h_p\right)\right], \\ \qquad (-h_p < y < h_p) \\ -\dfrac{1}{\mu(t)}\left[\dfrac{1}{2}A\left(\dfrac{b^2}{4} - y^2\right) - \tau_0\left(\dfrac{b}{2} - y\right)\right], \\ \qquad (-h_p \geqslant y \geqslant -b/2,\ h_p \leqslant y \leqslant b/2) \end{cases} \tag{6-5}$$

6.1.2 注浆参数与浆液优势劈裂扩散距离的关系

基于浆液劈裂扩散平板模型,研究 $\alpha = 60°$、$\theta = 135°$ 及 $r_0 = 0.05\mathrm{m}$ 条件下浆液黏度时变性、注浆压力和注浆速率对浆液劈裂扩散的影响规律。

6.1.2.1 浆液时变性对劈裂扩散距离的影响

若不考虑浆液黏度时变性,则浆液劈裂扩散控制方程为:

$$\Delta p = p_0 - p_\mathrm{d} = \dfrac{6q\mu_0}{\pi b^3}\ln\dfrac{R}{r_c} - \left(\rho g \sin\alpha \cos\theta - 3\dfrac{|\tau_0|}{b}\right) \tag{6-6}$$

绘制考虑及不考虑浆液黏度时变性两种情况下的 $\Delta p - R$ 曲线,分析浆液黏度时变性对浆液劈裂扩散距离的影响(图 6-4)。

分析图 6-4 可知,同一注浆压力差条件下,考虑黏度时变性情况下的浆液扩散距离比不考虑情况下的小得多。如 $\Delta p = 5\mathrm{MPa}$ 时,前者小于 10m,而后者则超过 400m,两者相差 50 倍左右。表明浆液黏度时变特征对浆液扩散范围影响极大,在注浆工程实践中,可通过调整浆液配比,增大注入浆液黏度,达到控制浆液劈裂扩散范围的目的。

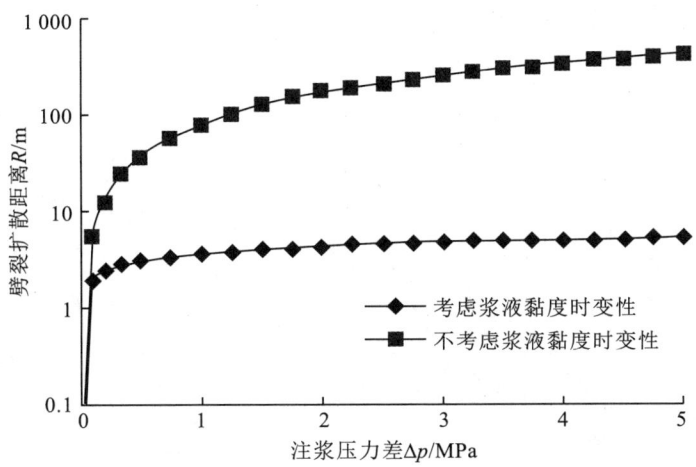

图 6-4 黏度时变性对浆液劈裂扩散距离对比分析图

6.1.2.2 注浆压力对劈裂扩散距离的影响

绘制 Δp - R 曲线,分析 $q=120\text{L}/\min$ 条件下 Δp - R 的影响(图 6-5)。

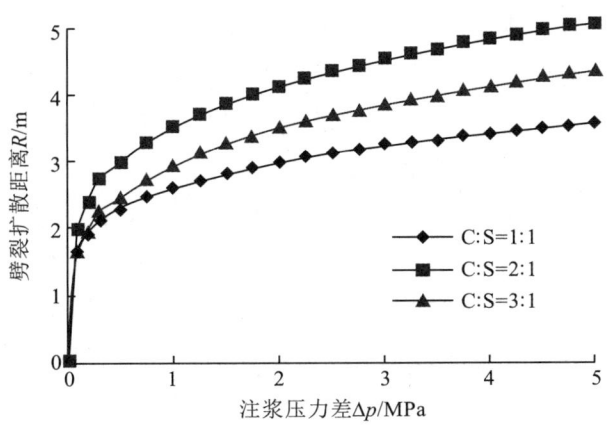

图 6-5 最大劈裂扩散距离与压力差的关系

分析图 6-5 可知,Δp 与 R 呈正相关关系。当 $\Delta p < 0.5\text{MPa}$ 时,Δp - R 近似为线性关系,且浆液黏度越小,曲线斜率越大,Δp 对 R 影响越明显。当 $\Delta p > 0.5\text{MPa}$ 时,Δp - R 呈显著非线性关系,且斜率随着 Δp 增大而逐渐减小。表明注浆压力差超过一定范围后对浆液扩散距离影响程度减小。因此,在注浆实践中,将提高注浆终压作为增大浆液扩散距离的主要因素是不合适的。

6.1.2.3 注浆速率对劈裂扩散距离的影响

绘制 q-R 曲线图,分析 $\Delta p=3\mathrm{MPa}$ 的条件下 q 对 R 的影响(图 6-6)。

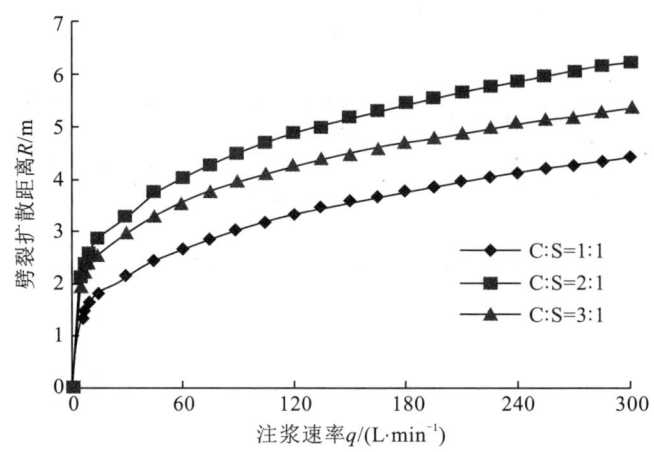

图 6-6 最大劈裂扩散距离与注浆速率的关系

分析图 6-6 可知,q 与 R 呈正相关关系。当 $q<30\mathrm{L/min}$ 时,q-R 近似为线性关系,且浆液黏度越小,曲线斜率越大,q 对 R 影响越明显。当 $q>30\mathrm{L/min}$,q-R 呈显著非线性关系,且斜率随着 q 增大而逐渐减小。表明注浆速率较小时,q 对浆液劈裂扩散范围影响较大,而当其超过一定值时,q 对劈裂扩散范围的影响程度逐渐减弱。因此,注浆实践中可通过降低注浆速率以控制浆液的扩散范围。

根据以上分析,广义宾汉体浆液在结构面内劈裂扩散受控于浆液黏度时变特征、注浆压力和注浆速率。浆液注入地层初期,浆液混合时间短,尚处于低塑性黏度阶段,注浆压力和注浆速率是浆液劈裂扩散范围的主要控制因素,提高注浆压力或注浆速率均可显著提高浆液扩散范围;而当浆液塑性黏度超过一定范围,黏度在浆液扩散过程中将起到主要控制作用。

在传统注浆工艺中,往往将注浆压力作为控制浆液扩散的唯一选择,而忽视了注浆速率及浆液配比(黏度)调整的重要性。如浆液加固作用造成地层空隙率降低,岩体耗浆能力减弱,恒定注浆速率下,浆液将使加固体产生二次劈裂,破坏其完整性,易引起大变形、塌方等事故。

因此,单纯依靠调整注浆终压的传统方法,难以达到合理控制浆液扩散范围的目的,注浆速率及浆液配比参数的灵活调整极为重要。尤其是针对富水断裂带,岩体内存在大量软弱结构面,不加约束的情况下,浆液倾向于顺结构面过渡扩散,抑制了围岩中分支劈裂浆脉发育。为达到改善破碎带岩体强度及稳定性的目的,需采用控制性注浆方法,促使浆液在地层内约束扩散。

6.2 突水突泥灾害治理原则与技术路线

6.2.1 灾后抢险注浆治理

隧道富水断层破碎带突水突泥灾后抢险治理工作是后期工作开展的必备条件,与常规注浆加固工程有着明显的区别,主要有以下几点。

(1)突水突泥灾后清理工作会导致破碎围岩堆积体应力重分布,大型块状岩土体达到极限平衡状态极易失稳,清理工作中出露的涌水通道冲刷扩展,可能诱发次生地质灾害。

(2)地表塌陷使风化裂隙与构造裂隙贯通性大大增加,为地下水提供了畅通无阻的导水通道,大气降水与地表汇水可直接补给至断层破碎带裂隙中,加速了断层破碎带围岩的弱化、泥化过程。

(3)突水突泥是一个巨大能量释放的过程,同时伴随着巨大的破坏力,可摧毁原有初支结构体和加固棚架,结构体中的钢拱架及管棚等设备错乱分布于突出体内,无法定位,容易成为注浆钻孔的障碍,降低成孔效率,延长工时。

(4)由多次突水突泥灾害呈现出的大流量、高水压(1.6MPa)特点可知,断层破碎带含水量丰富,具备良好的动态水力补给条件,可能存在蓄水腔体。注浆加固过程中浆液的驱替作用可能会封闭、压缩蓄水腔体,人为增大蓄水腔体内部水压,在隧道注浆加固范围周边或内部形成承压水体,严重威胁隧道开挖安全。因此,灾后抢险注浆治理中必须突出"排水泄压"思想,这对隐蔽性极强的注浆工作提出了新的挑战。

针对以上治理难点,应坚持以超前地质预报为前提,左右联合治理的思想,遵循"分流疏水、释能降压,协同推进、系统加固,量测紧跟、实时监测,分区治理、强化注浆"的治理原则,对蓄水腔体及中隔岩柱进行系统注浆加固。

6.2.1.1 分流疏水、释能降压

在工作洞室内向 DK1091+355～DK1091+370 含水体核心区域施作深部泄水孔,其终孔位置进入含水体区域,对其进行分流泄压。注浆过程中始终保持1～2个钻孔疏水降压,降低治理区域内的水力梯度。

6.2.1.2 协同推进、系统加固

为治理断裂带承压含水体影响区域(DK1092+340～DK1092+365),采取帷幕注浆与中隔岩柱治理协同推进、系统加固的治理原则,即帷幕由浅及深系统推进同步进行,对断裂带核心区域实施系统加固。

6.2.1.3 量测紧跟、实时监测

为保证同步注浆过程中初支、施工平台和工作洞室的稳定性,需加强注浆作业区及其

影响区域围岩的变形监测工作,根据围岩变化信息,动态调整注浆参数,控制围岩变形在安全范围之内,保障隧道帷幕注浆施工安全。

6.2.1.4 分区治理、强化注浆

依据物探及钻探结论,推测含水体主要分布于隧道右侧及中隔岩柱影响区,帷幕注浆钻孔及中隔岩柱治理钻孔在含水体分布核心区适当加密。同时,进入含水体区域后减少注浆段距,反复强化注浆,达到对含水体重点充填加固的目的。

6.2.2 断层带控制注浆加固技术指标

通过对木兰隧道和黄家沟隧道断层带富水软弱、含水体承压的类型分析,单一方法或普通的注浆工艺是难以实现的,需将超前帷幕注浆、局部补充注浆方案结合起来,应用阶梯式恒压静定终压控制注浆工艺,严格遵循联合治理的思想,实施前进式分段注浆技术,具体指标如下。

(1)循序渐进、由内而外、逐步加固以达到设计要求。

(2)建立承压含水体内部高压预警体系。在注浆加固过程中,如遇揭露含水体大流量、高水压的情况,应及时采取引流泄压措施,防止在充填加固含水体过程中高压封闭含水体的形成,保障后期隧道开挖安全。

(3)应用阶梯式恒压静定终压控制注浆工艺,最大化充填、挤密、渗透加固富水断层带,提高岩体的浆液饱和度,达到强化注浆的效果。

(4)通过施工检查孔,对加固薄弱区实施注浆补强,强化注浆效果,提高帷幕注浆强度和稳定性。

6.3 断层带控制注浆加固方案及实施过程

6.3.1 钻探注浆施工平台设计

设计构建一施工作业区,包括钻孔注浆工作平台和20°钻机爬升斜坡。注浆工作平台及爬升斜坡下部用开山渣逐层回填并压实,爬升斜坡回填、压实至设计面层以下0.2m后,喷射20cm厚C20混凝土,以形成较稳定的爬升斜坡;注浆工作平台回填、压实至设计面层标高下0.3m后,采用模注混凝土浇筑至设计面层,确保钻孔及注浆施工顺利实施。

施工作业平台区防突体基础采用回填渣土、碎石、块石和喷射混凝土,分四层作为反压回填体。为保证施工作业平台区注浆作业的安全稳定可靠,需要对防突体碎石(石子和片石)回填基础进行注浆加固。注浆加固可分为预埋小导管注浆加固和孔口管注浆返浆加固两步实施。

6.3.1.1 预埋小导管注浆加固

在回填体中预埋 8 根 $\phi 50$ 小导管,管长 5m,分 3 列呈梅花形布置;小导管下段 2.5m 范围预留出浆孔,端部做成尖锥状,置入碎石回填体内。通过预埋小导管,采用高浓度水泥单液浆,以低压渗透注浆方式,对回填体进行固结加固(图 6-7、图 6-8)。

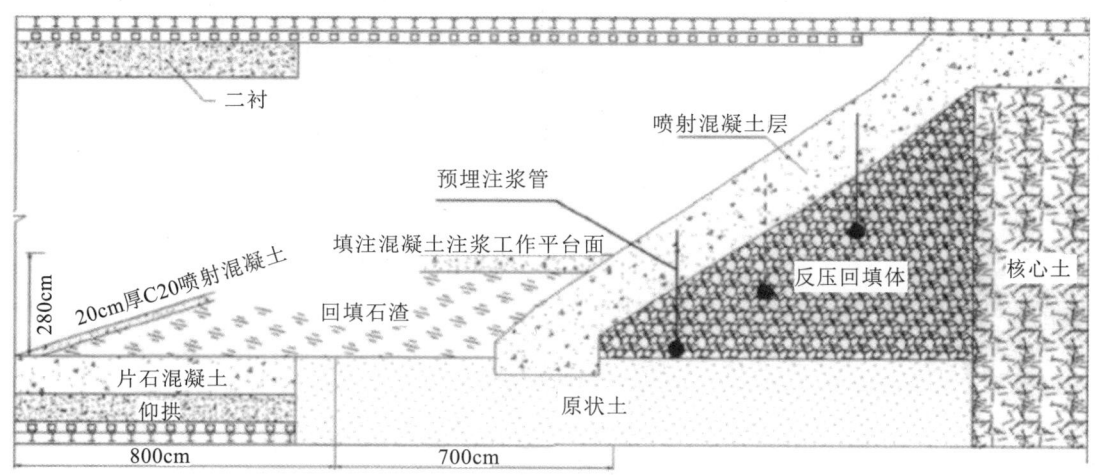

图 6-7 防突体基础加固预埋注浆管布设图

图 6-8 回填体预埋注浆管施工作业

6.3.1.2 孔口管注浆返浆加固

在进行第二次循环帷幕注浆中,对防突体基础进一步实施注浆加固。作业时机为孔口管封固过程中利用浆液回返及孔口管预留出浆孔渗透扩散,进一步加固浅部回填体,为后期注浆提供条件(图 6-9)。

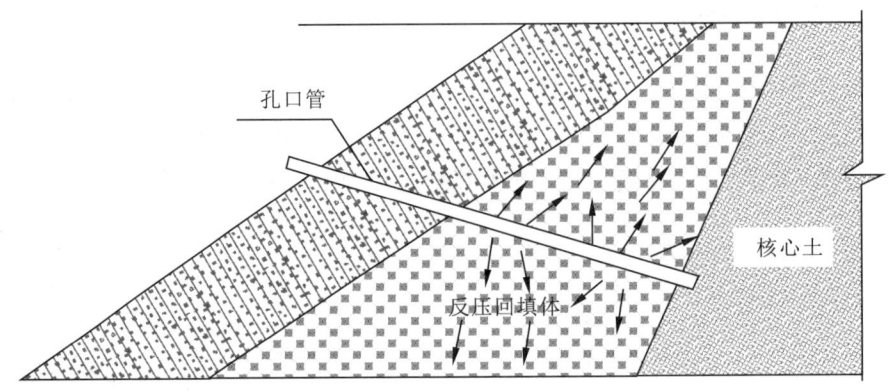

图 6-9 防突体基础孔口管返浆加固示意图

6.3.2 地球物理探测

为进一步查明断层破碎带区域导水构造的分布规律,以工程治理段为中心,向隧道工作面周边和前方实施补充地质雷达探测,用于指导后期注浆治理工作。

6.3.2.1 测线布置

受限于现场探测条件和工作面,探测迹线 6.5m(核心土工作面 DK1091+330),自左向右布线,测线布置如图 6-10 所示。

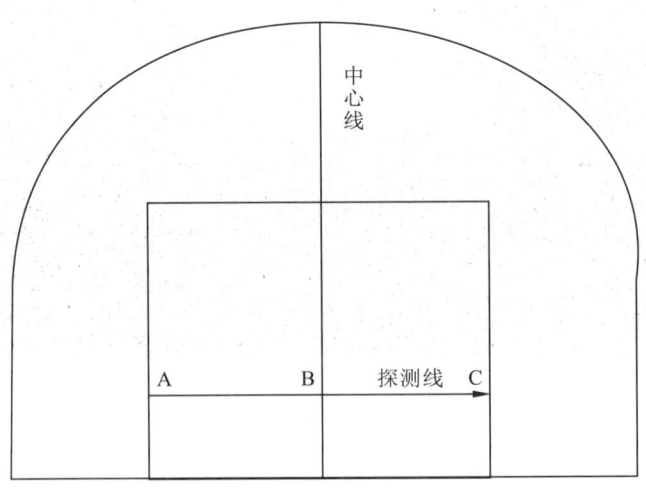

图 6-10 核心土工作面测线布置示意图

6.3.2.2 翻译成果与分析

探测结果如图 6-11、图 6-12 所示。

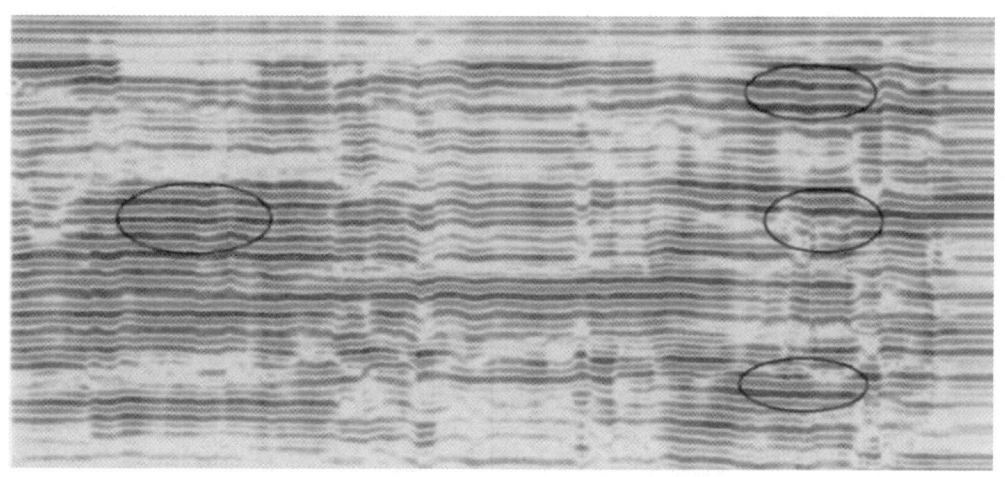

图 6-11 雷达探测结果图

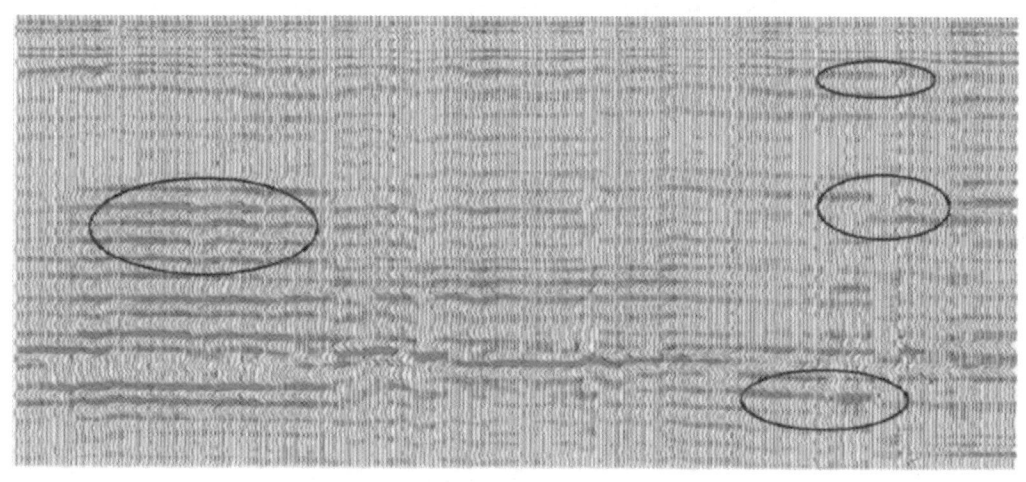

图 6-12 雷达探测结果波形图

由雷达探测结果可知,掌子面左侧 DK1091+341～DK1091+344、右侧 DK1091+339～DK1091+340 附近岩层湿润,开挖时可能存在掌子面渗水、淋水现象;DK1091+342～DK1091+344、DK1091+346～DK1091+348 掌子面中部和右侧局部岩体较破碎,围岩含水率有所上升,开挖可能揭露局部渗水、淋水,可根据现场条件,在适当时机补充注浆进行加固。

6.4 阶梯式恒压静定终压控制注浆关键技术

6.4.1 注浆压力差异控制技术

在一定的注浆终压下扩散距离相同。对于浅部围岩,较大的注浆压力可能超出岩体强度和承载能力,造成围岩破坏和失稳。因此,针对不同的围岩介质条件,注浆终压选择应具有区段差异性。浅部围岩止浆岩盘强度不足,难以承担过大荷载,应选择较小的注浆终压,防止围岩破坏;随着地层由浅而深的加固,深度地层可逐渐提高注浆终压。图6-13为注浆压力差异控制技术示意图。

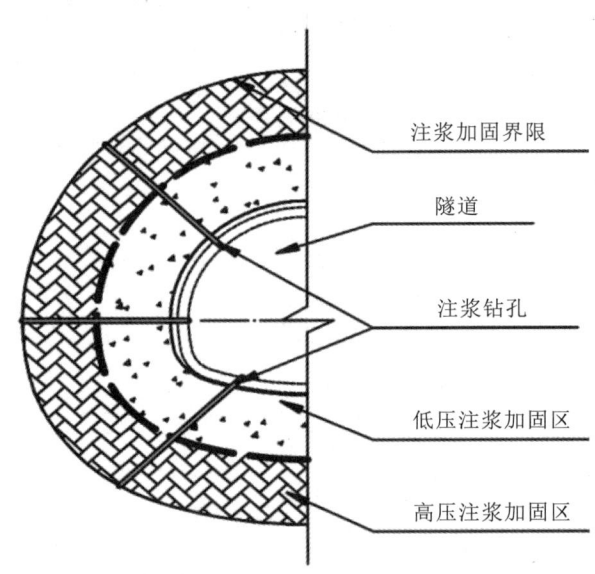

图 6-13 注浆压力差异控制技术示意图

6.4.2 注浆速率梯度控制技术

注浆速率较小时,有利于浆液扩散范围控制及围岩稳定,且能适应地层孔隙率的变化。因此,需选择合理的注浆速率,并在注浆过程中逐步调整。注浆前期选择较大的初始注浆速率,当注浆压力稳定后,按照该注浆速率一定比例(如5%~50%)划分若干注浆阶段(按照注浆设备性能),梯度降低注浆速率,由高速率注浆阶段转变为低速率慢渗阶段,有利于岩体的充分强化。图6-14为注浆速率梯度控制下p-t曲线图。

通过控制注浆压力差异和注浆速率梯度形成阶梯式恒压静定终压控制注浆关键技术。

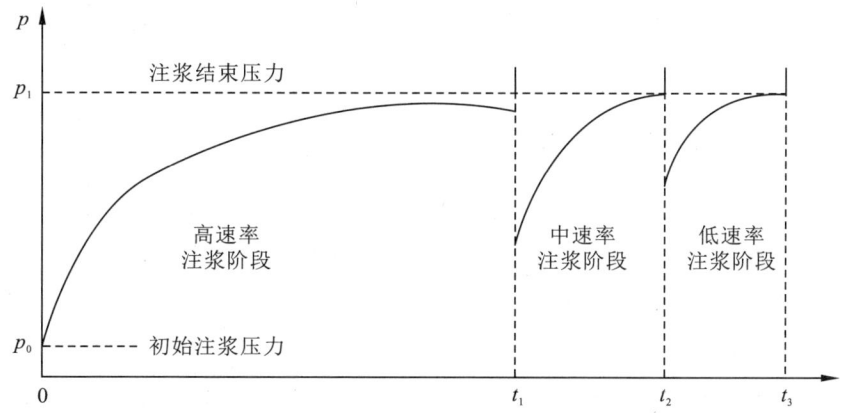

图 6-14 注浆速率梯度控制下 p-t 曲线图

6.4.3 控制液动态调节技术

由于浆液在薄弱区劈开岩体,注浆过程中不可避免地出现跑浆、涌水现象。增大浆液黏度,可较大程度地提高浆液凝胶速度,降低浆液扩散距离,增加开放空隙的封堵效果。

在注浆实践中,可通过间歇性(时间一般小于 30s)降低注浆速率,增大水泥浆与控制液(如水玻璃浆)体积比,提高浆液固化反应速率,使先期注入的双液浆在较宽大的结构面内凝胶形成封堵体,逐渐缩小结构面断面面积,可快速实现对跑浆或涌水结构面的封堵。图 6-15 为控制液动态调节技术示意图。

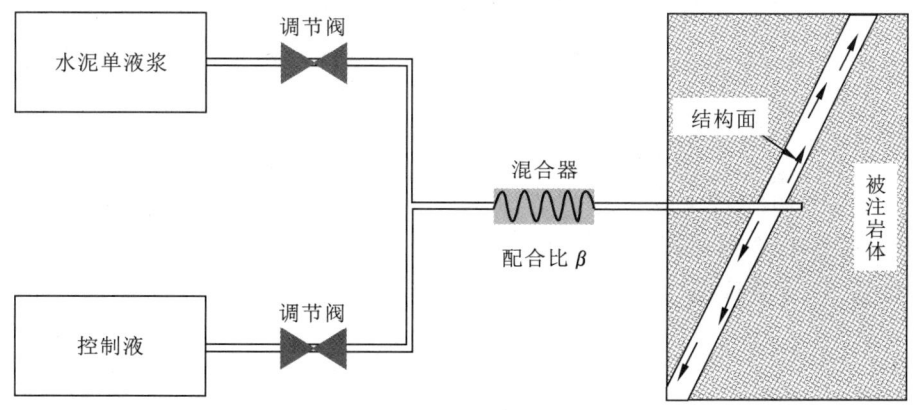

图 6-15 控制液动态调节技术示意图

6.5 注浆参数

6.5.1 扩散半径及钻孔间距

根据注浆加固范围确定扩散半径和钻孔布置。试验中浆液劈裂扩散半径设计为4m，依据帷幕注浆设计原则，为保证注浆孔注浆加固区的有效搭接，终孔间距为4.2m。

6.5.2 浆液配比

C-S双液浆体积比取小值时，在较小注浆压力下可实现浆液扩散半径设计值。因此，浆液配比以水泥单液浆与水-玻璃浆体积比C∶S=1∶1为主，并结合C∶S=2∶1～3∶1的配比，实现对跑浆等特殊情况的处理。

6.5.3 注浆结束终压

工程中常采用岩体中静水压力的1.5～2.5倍作为注浆结束终压。根据上述理论研究成果，影响注浆压力的主要因素是启劈压力、设计劈裂扩散距离和浆液黏度时变性。启劈压力可根据下式求得：

$$p_d = \sigma_3 + \sigma_t \tag{6-7}$$

式中，σ_3为被注岩体最小主应力；σ_t为被注岩体抗拉强度。

根据隧道勘察资料和岩体力学试验数据，计算得到断裂带岩体启劈压力为1.8～2.2MPa。

浆液扩散半径为4m时，注浆压力差为2.1MPa。因此，常规加固区段注浆结束终压设计为$p_终=3.9～4.3$MPa。对于浅部加固区，需要根据监控量测信息进行动态调整。

6.5.4 注浆速率

在$q=90$L/min条件下浆液的最大劈裂扩散距离约为4m，因此，选择$q=90$L/min作为初始注浆速率；达到注浆终压后，梯次减小注浆速率，以适应逐渐压密的岩体，有利于浆液的持续注入，增强注浆加固效果。

6.6 工程应用

6.6.1 工程概况

京广高铁木兰隧道设计为双线隧道，埋深约为180m，隧址区发育富水断裂带F_2，其产状为90°∠84°，与隧道近45°斜交；地层为强风化砂岩与泥页岩互层。进口左线进入F_2

断裂带后,围岩产生大变形,最大侵限值近 0.7m,最终引发隧道右侧 ZY91+308 里程处发生大规模塌方;在拱肩形成直径约 0.8m 的近圆形塌穴,伴有黄色泥浆水集中涌出。峰值涌水量超过 100m³/h,压力 1.3MPa,稳定水量约为 50m³/h(图 6-16)。塌方造成多榀初支垮塌、工程停工。

图 6-16 塌方涌水段图

6.6.2 周边帷幕注浆工程实施

帷幕注浆钻孔采用前进式分段注浆工艺(图 6-17)。按照设计,初始注浆速率为 90L/min,达到注浆终压且稳定一段时间后,根据现场设备性能,选择 45L/min 和 18L/min 注浆速率,实现三阶段注浆加固。

6.6.3 注浆速率控制及控制液调节

典型注浆段注浆速率-注浆压力-注浆时间曲线(p-q-t 曲线)见图 6-18。分析可知,该注浆孔 15~20m 段揭露 0.04m 软弱结构面,涌水量 32m³/h。初始注浆速率(90L/min)阶段,p-t 曲线总体呈上升趋势,经历 3 次波动:p 达到第 1 个压力峰值 2.5MPa 之前,地层为压密注浆;$p=2.5$MPa 时,优势劈裂注浆阶段开启,浆液在软弱结构面内凝胶、固结,形成优势浆脉;通过浆液配比参数调整,注浆压力逐渐升高,围岩内地应力状态不断调整;当优势结构面充分挤压加固后,进入后续劈裂注浆阶段,启劈压力分别为 4.25MPa 和 4.6MPa,后续劈裂注浆阶段延续时间较短,形成分支状浆脉网络,从开挖效果图可得到佐证(图 6-19)。

图 6-17 注浆整治工程实施

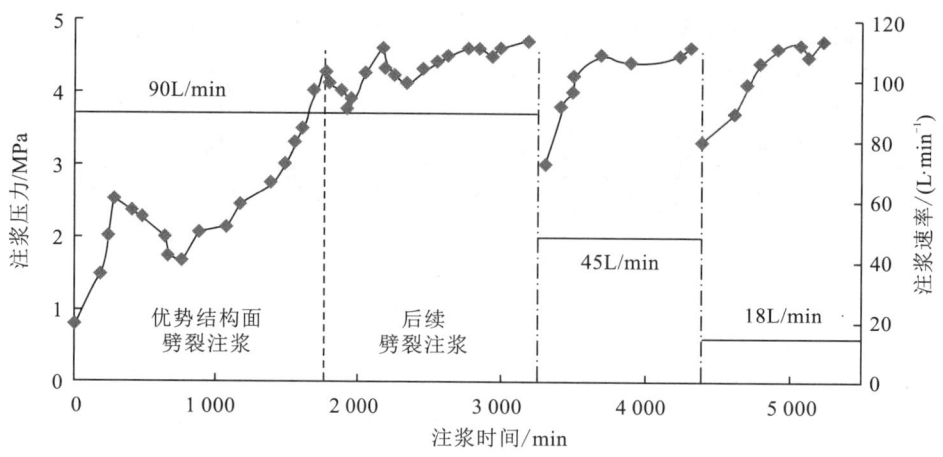

图 6-18 某钻孔 15~20m 注浆段 p-q-t 曲线

p 达到终压 4.5MPa,并稳定 10min 后,降低 q,注浆进入中-低速率注浆阶段。q 降低至 45L/min 和 18L/min 后,初始注浆压力分别提高至 3MPa 和 3.3MPa,而后 p 逐渐增大,直至达到结束标准。表明注浆速率的阶梯调整很好地适应了不断变化的地层渗透率,对地层内部残余软弱带的加固和补强起到了重要的作用。针对跑浆等特殊情况,采用调节控制液配比参数间歇变化的方法进行浆液配比参数调整(表 6-1)。

表 6-1 控制液调节注浆主要技术参数

材料	间歇时间/s	注浆速度/(L·min^{-1})	配比 $V_{单液}$:$V_{调节液}$	备注
C-S 双液浆	10~25	18~30	2:1~3:1	适用于跑浆量或涌水量小于 5m³/h 的情况处理

6.6.4 注浆终压控制

注浆过程中采用收敛仪(QJ-80型,精度 0.05mm)进行围岩变形监测,监测频率为每 30min 一次。注浆期间监测数据波动大,围岩变形量一般为 1~2.3mm/h;尤其是浅部注浆,围岩收敛值对注浆压力变化的敏感性显著强于深部围岩,最大值可达 3.5mm/h。本试验据此对注浆终压进行动态调整,注浆钻孔深部上 10m 以内的浅部岩体注浆终压小于 2.5MPa,10m 以外的深部岩体注浆终压为 4~5MPa。

6.6.5 注浆效果分析

图 6-19 为开挖揭露注浆效果图。从图中可以看出,浆液以劈裂方式优先在断层泥流塑状软弱结构面内扩散,形成的浆脉(称为优势浆脉)宽 5~7.5cm;注浆速率和浆液配比参数调节下,浆液的扩散距离受到限制,这可以从优势面浆脉末端较薄、快速结束看出。其他正常围岩区劈裂浆脉(称为后续浆脉)宽度不规则,主要集中在 0.5~1cm 之间,并有趋向优势结构面浆脉发展的规律。最终,劈裂注浆形成以优势浆脉为主干,后续浆脉为分支的网络骨架,与固结的断层泥共同构成复合加固岩体。注浆区域开挖过程中围岩稳定性好,无任何坍塌,有效地控制了开挖引起断层破碎带的岩体变形,达到了治理富水断裂带塌方涌水的目的。

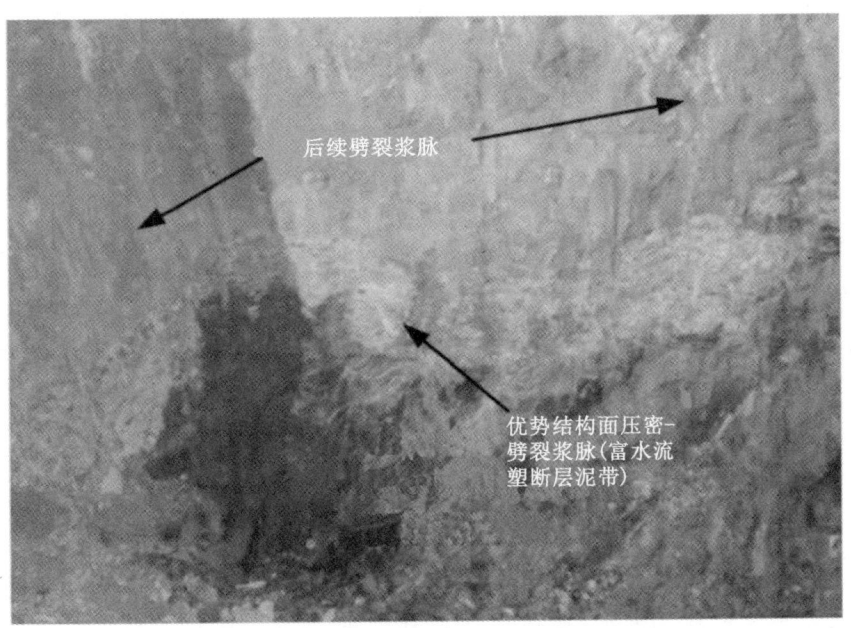

图 6-19 开挖揭露注浆效果图

6.7 本章小结

(1)构建了富水断裂带注浆概念模型,将断裂带岩体注浆划分为渗透-充填注浆型、渗透-劈裂注浆型和渗透-压密-劈裂注浆型。

(2)建立了断裂带岩体单一平板优势劈裂注浆扩散模型,推导了考虑广义宾汉体浆液黏度时变性的优势劈裂注浆扩散控制方程。研究表明,浆液扩散距离由优势结构面产状(a、b)、注浆压力p_0、注浆速率q、浆液黏度等因素综合决定。其中注浆压力、注浆速率及浆液黏度是主要因素。

(3)浆液黏度时变性对R影响极大;$R-p_0$及$R-q$之间呈正相关关系。注浆初期,浆液处于低塑形黏度阶段,p_0及q是浆液劈裂扩散范围的主控因素,而当浆液黏度达到一定值后,黏度成为浆液扩散范围的关键因素。

(4)提出了优势劈裂注浆控制方法,形成注浆压力差异控制、控制液动态调节和注浆速率梯度控制三项关键注浆技术,促使浆液在优势结构面内控制性扩散运移。该方法成功应用于实体隧道断裂带塌方注浆整治工程中,效果显著。

主要参考文献

陈安平,2005. 不良地质隧洞快速施工研究[D]. 南宁:广西大学.

陈潇,2010. 象山隧道 F_{15} 断层施工方案分析[J]. 山西建筑,36(17):298-299.

董路钰,2012. 复杂地质条件下轨道交通隧道施工风险评估研究[D]. 重庆:重庆大学.

冯卫星,徐明新,2001. 铁路隧道新奥法施工新实践[J]. 岩石力学与工程学报,20(4):524-526.

高杨,2016. 复杂水文地质条件下德江隧道突水防灾顶板安全距离研究[D]. 贵阳:贵州大学.

关宝树,2015. 漫谈矿山法隧道技术第二讲喷射混凝土[J]. 隧道建设(中英文),35(12):1235-1242.

郭成龙,2015. 复杂地质条件下大断面隧道施工过程优化及研究[D]. 郑州:河南工业大学.

郭乾,2010. 典型不良地质条件下隧道围岩稳定性分析及对策研究[D]. 重庆:重庆交通大学.

郭密文,隋旺华,2010. 高压环境条件下注浆模型试验系统设计[J]. 工程地质学报,18(5):720-724.

何宇,2016. 隧道工程中不良地质构造对地质灾害的影响研究[D]. 成都:成都理工大学.

金强国,2018. 郑万高铁隧道大型机械化施工支护优化[J]. 隧道建设(中英文),38(8):74-83.

康柯,2019. 复杂地质条件下秦巴山区公路隧道洞身开挖质量变异与控制方法研究[D]. 重庆:重庆交通大学.

李尧,2017. 隧道施工不良地质跨孔雷达超前探测方法与工程应用[D]. 济南:山东大学.

李真真,2018. 穿越不良地质段隧道支护衬砌优化设计研究[D]. 重庆:重庆交通大学.

李洋,马留闯,王峰,2018. 古夫隧道软弱围岩普通型机械化配套试验性施工技术[J]. 隧道建设(中英文),38(8):1 311-1 315.

李鹏飞,赵勇,张顶立,等,2013. 基于现场实测数据统计的隧道围岩压力分布规律研究[J]. 岩石力学与工程学报,32(7):1392-1399.

李鹏飞,周烨,伍冬,2013. 隧道围岩压力计算方法及其适用范围[J]. 中国铁道科学,34(6):55-60.

廖烟开,2011. 隧道前方不良地质体复杂地震波场数值模拟研究[D]. 成都:西南交通大学.

林红星,2017. 特长铁路隧道穿越不良地质段综合施工技术研究[D]. 西安:西安建筑科技大学.

刘向远,2008. 不良地质地段双连拱隧道施工技术研究[D]. 成都:西南交通大学.

刘学增,叶康,2011. 山岭公路隧道围岩压力统计规律分析[J]. 岩土工程学报,33(6):890.

刘阳飞,2016. 超特长隧道综合超前地质预报工法研究与应用[D]. 成都:成都理工大学.

刘有余,2019. 复杂地质条件下隧道综合预测预报及围岩稳定性研究[D]. 武汉:武汉理工大学.

罗春,2017. 不良地质条件下隧道管棚预支护技术研究[D]. 重庆:重庆交通大学.

孟陆波,2009. 隧道超前地质预报技术与计算机辅助预报系统研究[D]. 成都:成都理工大学.

石刚,2009. 探地雷达系统优化及在隧道地质超前预报中的应用研究[D]. 西安:长安大学.

宋杰,2016. 隧道施工不良地质三维地震波超前探测方法及其工程应用[D]. 济南:山东大学.

宋文东,2018. 复杂地质条件下隧道的超前地质预报及变形机理研究[D]. 郑州:中原工学院.

台启民,2016. 极不稳定隧道围岩超前破坏机制与安全性评价[D]. 北京:北京交通大学.

田佳,李金鹏,2018. 软弱围岩地层隧道大断面机械化施工工法应用[J]. 隧道建设(中英文),38(8):1350-

1360.

王梦恕,2010.中国隧道及地下工程修建技术[M].北京:人民交通出版社.

王明年,赵思光,张霄,2018.郑万高铁大型机械化施工隧道位移控制基准研究[J].隧道建设(中英文),38(8):21-28.

王婷,2008.不良地质条件下大跨度隧道洞口施工关键技术[D].北京:北京交通大学.

王同军,2020.我国铁路隧道建造方法沿革及智能建造技术体系与展望[J].中国铁路,5(3):1-11.

王志坚,2018.高速铁路隧道机械化修建技术创新与智能化建造展望——以郑万高速铁路湖北段为例[J].隧道建设(中英文),38(3):339-351.

肖广智,2008.加强铁路隧道机械化施工,保证隧道施工质量和安全[J].现代隧道技术(S1):15-19.

闫军涛,2018.上软下硬复杂地质条件下盾构隧洞开挖面稳定性研究[D].邯郸:河北工程大学.

曾满元,陈赤坤,赵东平,2010.中日铁路隧道工程技术标准对比分析研究[J].铁道标准设计,2(S1):27-32.

曾博文,2019.不良地质条件下双护盾TBM掘进适应性研究及施工安全性评价[D].成都:西南交通大学.

张顶立,孙振宇,2018.复杂隧道围岩结构稳定性及其控制[J].水力发电学报,37(2):1-11.

张聪,2015.复杂地质情况下超前地质预报技术研究[D].石家庄:石家庄铁道大学.

张忠义,2019.复杂地质条件下特长大隧道综合施工技术[D].成都:西南交通大学.

赵宏博,杨成文,2018.高速铁路隧道二次衬砌钢筋施工预留沉落量分析[J].隧道建设(中英文),38(S2):84-88.

赵明华,毛韬,牛浩懿,等,2016.上硬下软地层盾构隧道开挖面极限支护力分析[J].湖南大学学报(自然科学版)(1):103-109.

赵虎,2020.复杂地质条件下深埋公路隧道全深度电磁勘探关键技术研究及应用[D].成都:成都理工大学.

DIASD A,2011. Convergence-confinement approach for designing tunnel face reinforcement by hori-zontal bolting[J]. Tunnelling and Underground Space Technology,26(4):517-523.

GOODMAN R E,1978. Introduction to rock mechanics[M]. New York:Wiley.

GUO Y,HAI T L,2021. Simulation study on electromagnetic response characteristics of unfavorable geological body under complex conditions[J]. Geotechnical and Geological Engineering,12(6):88-93.

JUN W Z,HONG J P,YI F S,2021. Experimental investigation of nanomaterial regulating the mechanicalproperties of grouting concrete[J]. Transactions of Civil Engineering,8(3):56-60.

KAMATA H,MASHIMO H,2003. Centrifuge model test of tunnel face reinforcement by bolting[J]. Tunnelling and Underground Space Technology incorporating Trenchless Technology Research,18(2):205-212.

ORESTE P P,2012. Stabilisation of the excavation face in Shallow Tunnels using fibreglass dowels[J]. Rock Mechanics and Rock Engineering,45(4):499-517.

PIETRO L,2011.隧道设计与施工:岩土控制变形分析法[M].铁道部工程管理中心、中铁西南科学研究院有限公司,译.北京:中国铁道出版社.

ZHANG Z Q,LI H Y,LIU H Y,et al,2014. Load transferring mechanism of pipe umbrella support in shallow-buried tunnels[J]. Tunnelling and Underground Space Technology incorporating Trenchless Technology Research,43(7):213.